Me lo pasooas ex
mismo con todo

Haz tus

deseos

realidad!!!

Tus deseos te han sido dados por una razón, tu propósito en la vida es hacerlos realidad, porque cuando logras lo que deseas, te conviertes en una mejor versión de ti mismo, y al hacerlo, ayudas a los demás con tu ejemplo, haciendo del mundo un lugar mejor.

Vanessa García Pamies

Copyright © 2020 by Vanessa García
Todos los derechos reservados.

ISBN: 9798676860257

Prólogo

Desde que tengo conciencia, siempre quise ser escritora, por lo que este libro es mi mayor sueño hecho realidad. Sé que la mayoría de veces juzgamos un libro por la portada, por eso te pido por favor que extraigas solo la información valiosa que comparto en él, porque este poderoso conocimiento compactado es el fruto de 10 años de investigación. He comprobado por mí misma, a través de mi experiencia, que todo lo he ido aprendiendo era verdad, y ahora es momento de compartirlo.

La información, al igual que el Dinero, es poder, pero si no son compartidos, no tienen valor alguno.

Sé que este libro es capaz de cambiar la vida a cualquier ser humano, pero recuerda, el conocimiento es una llave que solo abrirá una puerta si es practicado, de nada sirve leer, si no se practica lo que está escrito en el libro.

Quería escribir un libro que si mañana me muriese y me volviese a reencarnar, encontrando este libro hallaría de nuevo la información más valiosa que había aprendido hasta el momento, por lo que este es un libro de lenguaje vulgar, con palabras sencillas, pero escrito desde lo más profundo de mi corazón.

De mi madre aprendí que si era sencilla y humilde, todas las puertas estarían abiertas para mí.

Así que le dedico este libro a mi MADRE, que me llevó 9 meses en su vientre, encima tuvo un parto muy complicado, espero que algún día me mire y diga que todo eso, valió la pena. ☺

Gracias por leerlo hasta el final.

INGREDIENTES PARA MANIFESTAR TODOS TUS DESEOS:

★ 1: Tener un deseo bien definido.

★ 2: Proyectar tu deseo al universo. relación

★ Afirmaciones y visualización.

★ 3: Sentirlo como real.

★ 4: Fe.

★ 5: Convicción.

★ 6: Gratitud.

★ 7: Recíbelo.

Tarot: Hera (mari an)
Ha habido aciertos pero
to muchos fracasos.

Capitulo 1

Define tu deseo:

Te puedo asegurar por mi propia experiencia que si defines tus deseos, tarde o temprano acabarás llegando hasta ellos, pero si no los defines, lo más seguro es que nunca llegues a donde querías llegar…

Si sales de tu casa y sabes a dónde vas, te resultará fácil dirigirte hacia ese lugar, te montarás en un taxi, y le dirás al taxista «Llévame a tal lugar», y no creo que tengas ningún problema en llegar, **el 99% de las veces llegarás a tu destino.**

Pero si no tienes un destino definido, lo más probable es que te pongas a dar vueltas a la manzana, y aunque cogieses un taxi, ¿qué le dirías al taxista? Que no sabes a dónde vas. Seguro que en este caso, no llegarías a ningún lado.

Por lo tanto, lo más importante para cumplir nuestros deseos, es definirlos.

Cuando tenemos nuestros deseos en la mente, los vemos como borrosos, muy abstractos, pero cuando nos sentamos tranquilamente y los plasmamos en un papel, todo se clarifica.

Ahí empieza la manifestación.

Te sorprendería saber cuántas cosas se me han cumplido con solo escribirlas en un papel.

A mí personalmente me encanta viajar, por eso en mis ratos libres busco información sobre lugares que me gustaría visitar en mis viajes, y lo curioso es que escribo los nombres de esos destinos en un documento de Word, y luego quedan olvidados en mi ordenador. A los meses encuentro esos archivos olvidados y me doy cuenta de que los he visitado recientemente, pero, ¿cómo es posible? Si ni siquiera recordaba el nombre de esos lugares. Pues esto sucede, porque el simple hecho de escribirlos **fue una orden directa para el subconsciente,** por lo que, cuando he ido de viaje, él ha encontrado la manera de llevarme a esos parajes específicos y yo he ido de manera inconsciente.

La vida siempre nos da lo que inconscientemente esperamos de ella. Nuestra

mente subconsciente es un barco y la mente consciente es el timón que dirige ese barco; si aprendemos a dirigir ese barco llamado Subconsciente, sabremos con exactitud en qué puerto (experiencia) va a atracar. Por eso es muy importante ser lo más específicos posible, debes tener un deseo bien definido, porque si no sabes a dónde quieres llegar, será muy difícil que tomes el camino adecuado.

«Si una persona no sabe hacia qué puerto navega, ningún viento es favorable». Séneca.

El sencillo método de escribir tus deseos es algo poderosísimo. Esta técnica fue descubierta hace más de 50 años por la maestra metafísica Conny Méndez.

Escribir es una de las formas más eficaces de sugestionar nuestra mente subconsciente.

El primer paso para manifestar todos nuestros deseos es definir nuestros deseos; por esta razón, lo siguiente que vamos a hacer es coger un papel y un bolígrafo, y escribiremos nuestros 10 deseos más importantes, de forma específica...

Una vez escritos, podemos leer esa lista al levantarnos y al acostarnos, que es cuando nuestro subconsciente está más receptivo. También podemos visualizar la realización de esos deseos, esto fue lo que hizo una alumna de Joseph Murphy... Ella visualizaba durante cinco minutos cada deseo, y al cabo de unos meses, todos sus deseos se habían hecho realidad.

Aunque no leas la lista ni visualices tus deseos, igualmente te funcionará, porque esa lista actuará como una guía en tu vida, manteniendo tu enfoque en lo verdaderamente importante para ti.

Normalmente tenemos nuestros sueños como olvidados en alguna sección de nuestra memoria, como si no tuviesen valor alguno. Cuando piensas en ellos, los ves como muy lejanos en el tiempo, por eso cuando hablas sobre tus deseos, los pones en el futuro y dices «Algún día tendré esto, algún día tendré aquello»…

Esto es un error, **en la vida solo existe el PRESENTE y todo lo demás es una ilusión,** y para la mente SUBCONSCIENTE o lo tienes ahora, o no lo tienes… Por eso es tan importante tener una lista con tus deseos bien definidos, releer esos deseos diariamente, como yo digo, «hay que darles poder», hay que pensar en ellos, hay que emocionarse con su cumplimiento, tenemos que hacer que estén en el presente en nuestra mente, debemos dedicar una buena parcela de nuestra mente para nuestros deseos.

Nuestra mente es equivalente a una parcela de tierra fértil. Para hacerlo más gráfico y más fácil de imaginar, supongamos que nuestra mente es una parcela de 1000 metros cuadrados de tierra fértil, tenemos en ella la mejor tierra del mundo y todo lo que siembres en ella florecerá…

Aunque tenemos una mente ilimitada, el espacio que dedicamos para cultivar nuestros sueños es muy pequeño o casi inexistente.

Es importante entender que tu mente es como esa tierra fértil, y que todo lo que plantes tenderá a manifestarse en tu realidad...

Tus PENSAMIENTOS son las SEMILLAS que plantas en tu mente, y tus SENTIMIENTOS serían el equivalente al fertilizante que hace que esas semillas enraícen rápido y den sus frutos lo antes posible.

Cuando una persona es consciente de los pensamientos que está plantando en su mente, camina confiada por la vida, porque sabe que su cosecha siempre será equivalente a lo que haya sembrado...

Como las leyes del Universo nunca cambian, cuando plantemos limones, recogeremos limones, y cuando plantemos fresas, recogeremos fresas. Con esto quiero decir que si plantas carencia en tu mente, no esperes recoger abundancia...

Lo que plantes, será lo que cosecharás… Así que no te preocupes por los resultados, mejor enfoca tu energía en plantar las mejores semillas…

En la Biblia se habla mucho de la ley de la cosecha, hay unos 70 versículos que hablan del tema… Pero hay dos que vale la pena destacar…

- **No os engañéis; Dios no puede ser burlado: pues todo lo que el hombre siembre, eso también segará. Gálatas 6:7**

- **Pero esto digo: el que siembra escasamente, también segará escasamente; y el que siembra generosamente, generosamente también segará. Corintios 9:6**

Deseo que a partir de este momento, te asegures de que todas tus semillas (PENSAMIENTOS) sean positivas, que te impulsen a lograr tus deseos, y que estén relacionadas con todo lo bueno de la vida, con el Amor, con la Salud, con el éxito…

Erradica la negatividad de tu vida:

Hace 10 años empecé a pensar de forma positiva. Al principio tuve que ser muy constante para reeducar mi mente, ya que durante mucho tiempo, había pensado de forma negativa, pero una vez que logré erradicar de mi mente toda negatividad, ocurrió algo muy curioso...

Y es que nunca más atraje experiencias negativas a mi vida. En los últimos 10 años, no me ha pasado nada desfavorable, ni siquiera me resfrió, cuando las personas de mi entorno si lo hacen, da igual lo contagioso que sea un virus, a mí no me afecta...

Por lo que te puedo asegurar con absoluta certeza que si dejas de plantar semillas negativas en tu mente, dejarás de vivir experiencias negativas en tu vida...

*¿Pero esto cómo se hace exactamente? ¿Cómo puedo dejar de pensar negativamente para siempre?

Hay una técnica psicológica llamada parada de pensamiento, que consiste en ser consciente de los pensamientos no deseados, detenerlos bruscamente y sustituirlos por una afirmación positiva.

Cuando aparezca en tu mente un pensamiento negativo, lo interrumpes diciendo mentalmente una palabra o una frase asociada a detener, por ejemplo:

« Alto », «stop», «basta», «no», «no y punto», que puedes acompañar de tu nombre para que ejerza más fuerza, (por ejemplo: «María basta»); también puedes dar un golpe en la mesa, o un cambio brusco de postura corporal, para potenciar esa corrección mental.

Una vez que hayas sido consciente de que tenías un pensamiento negativo y hayas logrado pararlo, debes sustituirlo por una afirmación positiva que te resulte creíble. Por ejemplo si tu pensamiento negativo era «tengo una mala salud», después de pararlo sustitúyelo mentalmente por «tengo una salud de hierro».

La parada de pensamiento es una técnica que conlleva práctica para automatizarla, requiere de un entrenamiento continuado para optimizar su eficacia. Pero una vez que tu mente se acostumbre a la sustitución de los pensamientos negativos, este proceso lo hará tu mente de forma automática y tú ya no tendrás que hacer nada.

Son muchísimos los beneficios que obtendrás al dejar de pensar en negativo, pero lo más importante para mí es que si no tienes pensamientos negativos, no atraerás experiencias negativas a tu vida.

Porque todo en la vida se origina con un pensamiento...

Los pensamientos se trasforman en emociones, y las emociones atraen resultados a nuestra vida...

Por eso te aseguro que no hay nada más eficaz para mejorar tu vida que mejorar tus pensamientos...

La calidad de tu vida nunca será superior, a la calidad de tus pensamientos.

Como la mayoría de los mortales, seguramente alguna vez has fantaseado con la idea de ganar la lotería.

Me gustaría hacerte una pregunta: ¿en qué invertirías el dinero de la lotería?

La mayoría de personas quieren ganar la lotería, esto es completamente normal, pero si les preguntas qué van a hacer con el dinero, tienen que pensárselo, no saben exactamente lo que quieren. Es imposible lograr algo que no está bien definido en tu mente, porque aunque lo lograses, no sabrías reconocer tu cosecha.

Cuanto más definidos, más detallados y más claros estén tus deseos, más fácil será lograrlos.

Si aún no has hecho la lista con tus deseos más importantes, por favor hazla antes de pasar al siguiente capítulo, porque esa lista será tu guía. La lista puede tener el número de deseos que tú elijas, pero es mejor que sean menos de diez, y una vez que algún deseo se cumpla, puedes elaborar otra lista e ir añadiendo nuevos deseos.

Cuando escribamos nuestra lista, escribiremos nuestros deseos como si ya estuvieran cumplidos….

Llama a las cosas que no son como si fuesen. ROMANOS 4:1

Nuestros deseos tienen que estar muy definidos y detallados, por ejemplo…

Tengo una casa grande y espaciosa, en tal (pueblo o ciudad)… La casa tiene un jardín con piscina, el interior de la casa está decorado a mi gusto, tiene muebles de tal marca, una televisión de tantas pulgadas…

Cuanto más detallados seamos, más fácil será atraerlo a nuestra vida, porque al Universo le gustan las personas con las ideas claras, que saben lo que quieren y van a por ello.

Las personas que somos indecisas e inseguras, tenemos que dedicar un poco más de tiempo a definir lo que realmente queremos, pero una vez que hagamos nuestra lista, tendremos una idea precisa de lo que deseamos.

Otro aspecto que es importante destacar es no pedir desde el Ego, sino desde el alma. Cuando hice mi lista de los 10 deseos, me di cuenta de que 2 de los deseos eran desde el Ego…

¿Cómo saber si mis deseos son de mi alma o de mi Ego?

Pues es muy fácil, debes analizar tus deseos para llegar a esta conclusión… Hay una regla que nunca falla: si deseas algo para aparentar ser algo que ahora no eres, si deseas algo para buscar la admiración de la gente, sentirte orgulloso, tener más que alguien o sentirte superior a los demás… Estás deseando desde el Ego y deberías eliminar estos deseos de tu vida, porque a la larga te traerán infelicidad, ya que tratan de distorsionar tu realidad, creando un falso concepto de ti mismo. Y no estás en la vida para vivir una mentira, así que no le des poder a tu Ego.

Nadie tiene la razón, nadie es más listo que nadie, nadie es superior a nadie… **Si tenemos la creencia de que todos somos iguales, de que somos hermanos, porque todos venimos de la misma fuente (Dios), qué sentido tienen estos deseos, ninguno…**

Por el contrario nuestra alma desea expandirse, evolucionar, desea compartir con los demás, desea viajar, desea tener un hogar, desea mejorar el mundo, ayudar al prójimo… Se podría decir que tus deseos profundos son del alma, y tus deseos superficiales son del Ego…

El alma desea tener un hogar acogedor lleno de Amor, y el Ego desea una casa grande, que sea mejor que la de sus vecinos...

Yo recomiendo desechar los deseos del Ego, porque son similares a una adición, y aunque en el momento que los realices te proporcionen una efímera euforia, sabes que, a la larga, no son buenos para ti...

Supongamos que quieres ser la persona más guapa de tu ciudad. Teniendo el dinero suficiente, solo tendrías que ir a un cirujano y someterte a una operación estética... Pero, ¿crees que a la larga este deseo te hará realmente feliz? Yo pienso que no...

Los deseos que te darán verdadera felicidad son los que vienen del alma...

Durante estos 10 últimos años he cambiado mucho, y también han cambiado mucho mis deseos. Un día encuentro una casa que me gusta y decido manifestarla, pero a los tres días, dejo de tener interés por esa casa, porque ahora he encontrado otra que me gusta más, o pienso que ya no encaja conmigo.

Si eres una persona indecisa como yo, habrá deseos que nunca llegarán a ningún lado, porque si tú no tienes una idea clara de lo que quieres, no podrás llegar a manifestarlo.

Supongamos que vas a un restaurante y pides una pizza, y a los 10 minutos, le dices al camarero «Perdona, pero ya no quiero la pizza, ahora quiero la lasaña», y a los 10 minutos cuando ya está casi hecha la lasaña, le dices «¿Sabes qué…? Ahora quiero ensalada…».

El camarero ante tal confusión, lo más probable es que termine no trayéndote nada… Lo mismo sucede con el universo.

El universo siempre te escucha, tus deseos son órdenes para él, pero tampoco podemos andar mareándolo, porque al final terminará por ignorarnos.

Imagina que tu pareja te dice «Por favor, ¿me puedes dar el azúcar?», y tú se la das, y entonces te dice «No, perdona, dame la sal mejor», y luego te dice «No, mejor la pimienta», seguramente a la tercera vez decidirías ignorarlo, porque te está mareando.

Pues lo mismo sucede con el Universo, cuanto más claros y firmes sean tus deseos, más fácil y rápido será manifestarlos.

Si tienes clara la dirección a la que te diriges y cada día das un paso más en esa dirección, es evidente que algún día, llegarás a tu destino, por muy lejos que esté.

Lo mismo ocurre con nuestros deseos, si tú tienes claro cuál es tu deseo, cada día la energía de tus pensamientos va en esa dirección y logras mantenerte en esa dirección por un tiempo, sin cambiar de rumbo, invariablemente tu deseo se hará realidad.

La vida es un viaje, y lo más importante en un viaje, es tener claro hacia dónde te diriges; puede que surjan imprevistos, que se te pinche una rueda, que te roben el equipaje, pero si tienes una idea clara de hacia dónde te diriges, llegarás, pase lo que pase, siempre llegarás.

Si yo me he maltratado a mí mismo en los estudios (baja autoestima) mi alimentación (A/B) falta de ejercicio, falta de cariño en mí mismo.

Jesús me hechó de su vida. Me ge caíocó a otra borracha no lo llevé al borde del suicidio

Y si ser una mujer fuerte y segura de mí misma no es ser gritona, ordinaria y que dice todo lo que piensa (estilo Roxy) Coherente con sus palabras - hechos. Control emocional. Idea clara / inteligente / lista

Capitulo 2

Proyecta tu deseo.

Había una mujer llamada Helene Hadsell, que era un ama de casa y tenía una vida normal. Hasta que un buen día, leyó un libro llamado *El poder del pensamiento positivo*, de Norman Vincent Peale y su vida cambió para siempre. A partir de ese día, esta mujer empezó a ganar todos los concursos a los que se presentaba: ganó una barca para su marido, una casa valorada en 1 millón de dólares, viajes a Europa…. **Ganaba siempre todos los sorteos en los que participaba,** se hizo tan famosa que cuando había un sorteo en su ciudad y la veían llegar, todo el mundo sabía que ella lo ganaría otra vez… Helene Hadsell no sólo escribió un libro, sino que creó un método de manifestación llamado SPER.

- **S: • Selecciónalo.**

- **P: • Proyéctalo.**

- **E: • Espéralo.**

- **R: • Recíbelo.**

Por eso este capítulo se llama PROYÉCTALO, como homenaje a esta gran mujer que hizo de su vida una aventura emocionante gracias a la Ley de Atracción…

Podemos proyectar nuestro deseo de muchas formas, como por ejemplo con la visualización, que consiste en imaginarnos a nosotros mismos en posesión de nuestro deseo.

Los indios Cherokee, una tribu del sureste de Estados Unidos, hacían rituales para atraer la lluvia. **Ellos lo que hacían era imaginar que llovía mientras realizaban su famosa danza de la lluvia.** Sentían el barro entre sus pies y olían el olor de la tierra mojada. No visualizaban cómo se formarían las nubes ni cómo se oscurecía el cielo, sino que visualizaban y sentían el resultado final que querían obtener, que en este caso, era la lluvia cayendo de forma abundante.

Es importante visualizar el resultado final, ya que nos hace vibrar en la vibración exacta de nuestro deseo ya cumplido, y por consiguiente, lo atrae a nuestra vida.

Si te fijas un poco en tu alrededor, te darás cuenta de que todo lo que existe fue creado por la imaginación de alguien, incluso la naturaleza fue creada por la imaginación de una mente superior.

Es imposible crear algo que no se haya imaginado primero.

Los psicólogos han estado recomendando la visualización a muchos deportistas de élite. Tenemos el testimonio de **Lindsey Caroline Vonn, que es una corredora de esquí alpino de la Copa Mundial de América, que ha ganado cuatro campeonatos mundiales.** En una de sus conferencias Lindsey dijo que a menudo usa técnicas de visualización antes de competir, y dice que esto le ayuda a tener una «ventaja competitiva».

Porque ser capaz de hacer algo en tu imaginación, aumenta enormemente tus posibilidades de poder hacerlo en la vida real.

Si puedes imaginar tu objetivo de forma vívida, el Universo trabajará para que logres este objetivo.

Un gran ejemplo de esto es **Conor McGregor,** quien actualmente es un luchador artes marciales mixtas mundialmente famoso y fiel seguidor de la ley de atracción. En una de sus conferencias dijo: «Si tú realmente crees en ello, si lo expresas, estás creando esta ley de atracción y va a convertirse en real». También dijo que visualizar sus sueños y objetivos, lo ha ayudado a lograrlos. Visualizó su éxito hasta que se hizo realidad, incluido ganar el cinturón de UFC.

Según la revista Forbes, este luchador tiene un patrimonio de más 100 millones de dólares, ya que se estima que **ganó 85 millones de dólares, por una única pelea contra Floyd Mayweather,** para mí es evidente que está usando la ley de atracción de forma exitosa. Conor McGregor ha afirmado muchas veces, que todo lo que ha conseguido se lo debe a esta poderosa ley.

El exculturista profesional, político y actor **Arnold Schwarzenegger** siempre dice que tienes que **creer que vas a lograr lo que quieres, visualizar que ya lo tienes, y lo conseguirás.** Es obvio viendo su trayectoria personal que este hombre consigue todo lo que se propone, porque no solo tuvo un gran éxito como actor, sino que también fue gobernador de California dos mandatos seguidos.

Cómo visualizar nuestro deseo correctamente para que se cumpla:

Todas las personas que han manifestado grandes cosas con la ley de atracción hablan de una relajación previa, de entrar en un estado de adormecimiento, similar al sueño, donde la mente subconsciente está más receptiva.

Cuanto más relajado estés antes de practicar la visualización creativa, menos resistencia ofrecerá tu mente consciente, y por lo tanto, más fácil será reprogramar tu mente subconsciente.

Recomiendo practicar unas respiraciones profundas para que tu mente se vaya serenando, eliminando así todas las ansiedades, tensiones y preocupaciones, de tu día a día. Simplemente coge aire hasta que se llenen tus pulmones, aguanta el aire unos segundos, y suelta el aire lentamente. Concéntrate en tu respiración, dejando a un lado los pensamientos rutinarios de tu mente. A medida que practiques esta respiración profunda, cada vez te sentirás más relajado, notarás que tus brazos están muy pesados.

Sabrás que estás listo para practicar la visualización CUANDO TE ENCUENTRES EN UN ESTADO MENTAL TAN PLACENTERO Y TE SIENTAS TAN CÓMODO, QUE NO QUIERAS MOVERTE.

Este es el momento perfecto para influenciar tu mente subconsciente, ya que tus tensiones físicas se han aliviado y tu mente subconsciente está más receptiva.

Una vez que te sientas completamente relajado, crea en tu mente una representación mental que implique el cumplimiento de tu deseo, debes imaginar el resultado final de tu deseo.

¿Qué sería lo que experimentarías si tu deseo se hiciese realidad?

Supongamos que quieres ganar un premio de lotería, entonces debes hacer como **Cynthia Stafford ganadora de 112 millones en Estados Unidos.** Ella lo que hacía era visualizarse con el cheque, era la actriz de su escena mental, lo estaba viviendo en primera persona, se veía a sí misma con sus propias manos sosteniendo el cheque, y sentía que ese drama imaginario era real.

Fue muy disciplinada, ya que practicó la visualización cada día durante cuatro meses, hasta que finalmente sus visualizaciones se materializaron y ganó 112 millones en Megamillions.

En una de sus conferencias dijo:

«Me visualizaba todo el tiempo sosteniendo un cheque de 112 millones, veía los dólares escritos a través de él, incluso me veía usando mi pequeño top verde favorito…», Cynthia Stafford.

Independientemente de lo que quieras atraer a tu vida, debes imaginar que lo logras, debes hacerlo con la mayor cantidad de detalles posibles, **porque cuando se IMAGINA como REAL, se SIENTE como REAL,** nuestro cerebro no sabe diferenciar algo real de algo imaginario. Si imaginas que comes un limón, tu lengua reaccionará igual que si fuese real, estimulando tus glándulas salivales y haciéndote la «boca agua».

La visualización tiene que ser lo más realista posible, **tu cerebro no debe distinguirla de la realidad y para esto, es necesario usar los 5 sentidos.** Escucha cómo alguien te felicita por haber logrado tu objetivo, siente que ya tienes lo que deseas en tus manos, siente su tacto, su textura…

¿Hay algún olor? Quizás el perfume de alguien…

¿Hay algún sabor? Quizás una copa de champán…

Utiliza tu sentido imaginario más fuerte…

Nosotros conocemos el mundo gracias a nuestros 5 sentidos. Si no fuera por nuestra vista, nuestro oído, nuestro olfato, nuestro gusto y nuestro tacto, qué visión tendríamos del mundo que nos rodea, todo sería oscuridad.

Cuando la naturaleza nos priva de un sentido, siempre agudiza otro sentido para compensar. Se sabe que las personas ciegas tienen una mayor audición y un mejor tacto, pueden guiarse por sonidos o leer en Braille, algo imposible para la mayoría de humanos. Por lo que nuestro cerebro, siempre encuentra la manera de que nosotros percibamos el mundo que nos rodea.

Aunque nosotros no lo sepamos, uno de nuestros sentidos tiene más credibilidad para nuestra mente.

Para que tus visualizaciones sean realmente efectivas, tienes que descubrir qué sentido está más desarrollado en ti.

Yo pensaba que en mi caso era la vista, porque siempre tuve la creencia de que lo único que te puedes creer es aquello que ves con tus propios ojos. Pero una vez más, estaba equivocada…

Esta técnica la descubrí por casualidad, porque a pesar de que practicaba la visualización cada noche, nunca se me cumplía nada. Hasta que un día casualmente hice algo que se manifestó rápidamente en mi vida.

La técnica de visualización más poderosa:

Yo pensaba que con solo visualizar algo, ya se iba a manifestar en mi realidad, que solo tenía que imaginar que algo era mío y se me daría.

Pero la verdad es que nunca se me manifestaba nada, hasta que un día hice una visualización en la que escuchaba a mi marido decirme lo que yo quería oír.

Nunca olvidaré ese día, porque teníamos un problema muy grave y supuestamente no se podía hacer nada, porque había una sentencia firme de un juez y solo quedaba esperar que se llevase a cabo.

Pero mi mente no se conformó, y lo que hice fue hacer una visualización en la que imaginaba que mi marido venía a mi habitación y me decía muy entusiasmado «Me acaba de llamar la abogada y dice que todo se ha solucionado».

Desde el momento en que hice la visualización, lo di por hecho, no volví a pensar en el tema, y dos semanas después, mi marido vino a mi habitación **y me dijo exactamente las mismas palabras que yo había escuchado mentalmente en la visualización,** me dijo textualmente **«Me acaba de llamar la abogada y dice que todo se ha solucionado»,** a lo que añadió mi marido: **«Dice que es un milagro, que en 30 años de profesión, nunca ha visto que un juez cambiase una sentencia firme».**

Me acordaré toda mi vida de ese día, porque me hice consciente de que estaba recogiendo mi cosecha, lo que yo había sembrado. El haber manifestado algo que para mi mente racional era imposible, me hizo creer firmemente que todo se podía cambiar. Nunca más aceptaría lo que dijeran mis circunstancias externas, porque ahora sabía que yo tenía la última palabra.

Desde ese día he estado utilizando la voz mi marido en mis visualizaciones y he logrado manifestar muchas cosas gracias a esta técnica.

Hace poco me hice una revisión médica, porque ya llevaba años sin ir al médico, y como ese tema no es de mi agrado y son cosas en las que prefiero no pensar, lo que hice fue hacer una visualización en la que el médico me decía **«Todo está perfecto»**. Cuando llegué al médico, él me estuvo comentando que las pruebas estaban bien, pero cuando ya me iba y estaba literalmente abriendo la puerta, me dijo exactamente lo que yo había visualizado, «Todo está perfecto». Me hice consciente inmediatamente de que yo había influido a ese hombre para que me dijese esas palabras exactas, porque cuando me las dijo, ya habíamos dejado de hablar, fue como forzado, pero igualmente yo me quedé tranquila sabiendo que todo estaba perfecto, porque eran las palabras que yo necesitaba escuchar.

Puede que el oído sea tu sentido más desarrollado, pero tendrás que ponerlo a prueba para saberlo a ciencia cierta.

Simplemente tendrás que relajar tu mente **e imaginar que una persona de tu entorno te dice exactamente lo que deseas oír,** escucha sus palabras con claridad en tu cabeza, **esas palabras que anuncian que tu deseo, ya es un hecho consolidado.**

Piensa por un momento en esto: si mi deseo se hiciese realidad, ¿qué me dirían las personas de mi entorno? Céntrate en la persona con la que pasas más tiempo, porque será más fácil recrear la voz de esa persona en tu mente. **Si puedes escuchar mentalmente las palabras que anuncian que tu deseo ya es real y sentir que esas palabras son verdaderas, esta representación mental será grabada en tu subconsciente, y de formas que son incomprensibles para nosotros, tu deseo se hará realidad.**

Para que esto pase, solo tienes que convencerte a ti mismo de que esa persona te dijo eso en la realidad, no debes separar la imaginación de la realidad, porque si cuando sales de la visualización desmientes lo que has vivido en tu imaginación, empezarás a generar contradicción y tú mismo habrás bloqueado tu manifestación.

Simplemente siente que ya está hecho, y si no estás convencido de que tu deseo ya es una realidad, lo que tienes que hacer es seguir visualizando todos los días la misma escena hasta que tu mente se convenza de que eso es una realidad.

Hace unos meses, leí un testimonio de un hombre que había ganado 149 millones de dólares en el Powerball, la lotería norteamericana.

Lo que me llamó la atención es que cuando le dieron el cheque, dijo textualmente:

«Es una locura, he pasado por esto en mi cabeza tantas veces en mi vida que siento que finalmente se está haciendo realidad. Cuando compré el boleto, pensaba qué iba a hacer con el dinero y a toda la gente a la que ayudaría, es por eso que siento que ha estado viniendo».

Este testimonio refleja claramente a alguien que inconscientemente ha estado utilizando la ley de atracción exitosamente.

Si tus visualizaciones no se cumplen mediante el oído -escuchando mentalmente a alguien que te diga lo que quieres oír-, entonces tendrás que probar con el tacto, tendrás que tocar aquello que deseas imaginariamente, y si con el tacto no se te cumple tu deseo, prueba con el olfato… Sigue intentándolo hasta que encuentres cuál es el sentido que manifiesta tus deseos.

En la Biblia se dice que el sentido más importante es el oído, es el que le funciona a la mayoría de personas, pero también se habla mucho del sentido del tacto, porque tocar algo en tus visualizaciones le dará solidez y firmeza a la escena, haciendo que parezca real para tu cerebro.

Te recomiendo hacer la visualización con el oído, que es el segundo sentido más importante, y es el que siempre suele funcionar.

Si no te funcionase, probaría con el sentido del olfato, ya que todo tiene un olor característico, el olor del dinero, el olor a casa nueva, el olor a flores...

Y si no te funcionase el olfato, probaría con el tacto, porque tocar es sentir que algo ya es tuyo.

Lo último sería probar el sentido del gusto, aunque estoy segura de que no es el mejor sentido para manifestar, puede que te permita darle más credibilidad a la visualización, pero a no ser que quieras manifestar una comida concreta, tendrás que combinar este sentido con uno más importante.

Lo ideal sería descubrir cuál es tu sentido principal, porque esto lo haría todo mucho más fácil. Muchos maestros te dicen que utilices los 5 sentidos, igual sería lo ideal, pero en la práctica, es tremendamente complicado estar controlando de manera consciente tus 5 sentidos. Por lo menos a mí nunca me ha funcionado de esta manera.

Ya sea que utilices un sentido o los cinco sentidos, si te convences a ti mismo de que tu deseo ya es un hecho real, tu deseo se convertirá en realidad.

Percepción:

Cada persona tiene una forma de percibir el mundo. Imaginemos que hay 20 personas en una sala y entra una bella mujer por la puerta. Te puedo asegurar que para cada persona se despertará una emoción diferente: un hombre joven puede que sienta atracción, un hombre maduro puede que sienta nostalgia al verla, una mujer joven puede llegar a sentir envidia, y una mujer madura pueden sentir felicidad al acordarse de cuando ella era joven. **Todo depende de nuestro estado de conciencia.**

Una misma situación puede tener tantas interpretaciones como personas hay en el mundo.

Lo importante no es lo que pasa en nuestra realidad, sino cómo lo interpretamos nosotros, y cuanto más conozcamos cómo funciona nuestra mente, más eficazmente podremos controlar esas emociones que producen resultados en nuestra vida.

Con esto quiero decir también que lo que funciona para unos, no tiene por qué funcionar para otros, **porque cada persona es un mundo y solo a través de la observación de nosotros mismos, podremos llegar a la conclusión de qué es lo que nos funciona mejor a nosotros.**

Por ejemplo, cuando mi marido y yo pasamos por al lado de una granja de vacas, para mí es un olor insoportable, y sin embargo, a él no le desagrada en absoluto, porque él vivía cuando era pequeño cerca de ese lugar, por lo que le recuerda a su infancia y esto le evoca un sentimiento positivo.

Pienso que el sentido del olfato es muy complejo, ya que la mayoría de olores están asociados a un recuerdo y para cada persona funciona diferente. Sin embargo, el oído es un sentido muy fácil de utilizar, simplemente tienes que escuchar en tu imaginación cómo te felicitan tus familiares y amigos, cómo se alegran por tu éxito, y se dará la manifestación.

Invierte tu energía en escuchar mentalmente cómo las personas de tu entorno te felicitan por haber hecho realidad tu deseo, y siéntate a observar cómo el Universo materializa tus sueños.

Visualiza solo una cosa a la vez, para no distraerte.

Cuando comenzamos con la visualización, lo más probable es que empecemos visualizando el cumplimiento de nuestro deseo, pero poco a poco, nuestra mente se vaya distrayendo, hasta que terminemos imaginando algo totalmente distinto que igual no tenga mucho que ver… Esto me pasaba a mí al principio…

Para evitar esto, lo mejor es enfocarnos únicamente en la acción que se produciría después de que tu deseo se hiciese realidad. Supongamos que quieres vender una casa, pues la acción que vendría después, seguramente sería quitar el cartel de «Se vende». Si nos concentramos en una sola acción que represente el cumplimiento de nuestro deseo y la visualizamos en BUCLE, nuestra visualización será más efectiva, ya que evitaremos que nuestra mente divague hacia otros pensamientos.

La mente consciente está acostumbrada a saltar de un pensamiento a otro constantemente. Para que nuestra visualización sea eficaz, la imaginación debe ser controlada, debemos concentrarnos en lo que estamos haciendo, porque si no acabaremos pensando en algo totalmente distinto, como por ejemplo, en la lista de la compra, o en la comida de mañana, ya que son temas más cómodos para nosotros…

No dejaremos de visualizar esa acción hasta que sintamos la realidad de lo que estamos imaginando. Una vez que sientas la realidad de esa escena, puedes visualizar otro objetivo o salir de la visualización, pero es importante SENTIR COMO REAL AQUELLO QUE VISUALIZAS.

Después de la visualización, cuando vuelvas a tu realidad, tienes que sentir la satisfacción de tu deseo cumplido, de esta forma sabrás que has hecho correctamente la visualización.

Cuando te apropias de algo, aunque sea en tu imaginación, automáticamente dejas de desearlo, porque no puedes seguir deseando algo que ya tienes, por lo que si sigues deseando tu objetivo, una vez terminada la visualización, es que no has impregnado correctamente el subconsciente. Si es así, no pasa nada, es normal, la práctica hace al maestro, cada día irás mejorando tus visualizaciones y haciéndolas más creíbles para tu mente.

La visualización es la semilla del éxito, practicar la visualización es equivalente a plantar una semilla en tierra fértil, por lo que cuando salgas de la visualización, no desmientas lo que has visualizado, porque esto sería equivalente a desenterrar la semilla. Por ejemplo, si visualizas que tienes una gran cantidad dinero, cuando salgas de la visualización **tienes que seguir suponiendo que ya tienes eso que has visualizado**, porque si no lo haces, te estás contradiciendo, y como el subconsciente acepta siempre la idea predominante a la que le otorgas más consentimiento mental, estarás matando la semilla que plantaste, y por lo tanto no florecerá, lo que significa que no verás los resultados que esperas.

La ley de atracción es similar a un embarazo. Cuando nosotros hacemos nuestra visualización, estamos plantando una semilla en nuestro subconsciente que sería equivalente a cuando el espermatozoide entra en el cuerpo de la mujer.

En el momento en que el óvulo de la mujer es fecundado, comienza el proceso de la vida, pero la mujer tiene que sostener ese bebé durante 9 meses en su vientre, el bebé se alimenta a través de su cordón umbilical, porque si su madre no lo alimentase adecuadamente, el bebé moriría…

Pues lo mismo pasa con la ley de atracción, nosotros plantamos nuestra semilla en nuestro subconsciente y luego tenemos que pasar un tiempo manteniendo esa suposición de que nuestro deseo ya es una realidad.

Nosotros hemos creado un estado de conciencia en nuestra imaginación, pero hay que sostener ese estado, porque si no lo alimentamos, morirá...

Si nosotros terminamos la visualización y seguimos con nuestra realidad como si nada, estamos matando nuestro deseo, porque para que se materialice, debemos mantenerlo un tiempo, hasta que el cumplimiento de tu deseo se sienta natural para ti...

«Asume que ya tienes lo que deseas, porque el cumplimiento es inevitable para las suposiciones sostenidas...», NEVILLE GODDARD.

Siente que lo tienes ahora.

La ley de atracción funciona en base a tus pensamientos actuales, por lo que lo único importante es cómo piensas y sientes en el presente, AHORA. Si estás enfocándote en la carencia en este momento, solo podrás atraer más carencia en el próximo momento, o sea en tu futuro. Esta es la razón por la que nunca terminamos de manifestar nuestros deseos, porque pensamos que si hacemos la visualización durante 15 minutos al día y seguimos el resto del día con normalidad, en un futuro se harán realidad nuestras visualizaciones.

Pero la verdad es que en el Universo no existe el tiempo y todo está sucediendo ahora. Pensar que mañana serás tal cosa es afirmar rotundamente que ahora no lo eres.

Y lo único importante es lo que eres ahora, en este momento. Cuando camines, camina sintiendo que ya eres la persona que deseas ser. Cuando hagas las tareas domésticas, siente que las estás haciendo en la casa de tus sueños. Grábate en tu mente esta gran verdad: **EL MOMENTO PRESENTE ES LO ÚNICO QUE TENEMOS.**

Si te sientes rico en el presente, el Universo no tendrá más remedio que darte lo que es semejante a tu sentimiento. Comienza a fingir que eres rico hasta que lo hagas realidad, porque nuestro cerebro no distingue entre la realidad y la fantasía.

CUANTO MÁS SIENTAS QUE YA ERES LA PERSONA QUE DESEAS SER, ANTES SE REFLEJARÁ EN TU REALIDAD.

Toda la vida nos han dicho que lo que se siembra se recoge:

Cristianismo:

«No se engañen: de Dios nadie se burla. Cada uno cosecha lo que siembra» (Gálatas 6:7).

Budismo:

«Cada uno recoge lo que siembra» (Buda).

La ley de la cosecha es una de las leyes más importantes que podemos aprender. Esta ley nos enseña básicamente que para cosechar algo, hay que sembrarlo antes. **Nosotros normalmente lo que hacemos es centrarnos en nuestras circunstancias externas (la cosecha), sin darnos cuenta de que hay una causa mental (la siembra) que ha creado esas circunstancias.**

Cuando te hagas consciente de lo que siembras, podrás reconocer tu cosecha; hasta ese momento permanecerás dormido.

Me gustaría que a partir de este momento dejes de centrarte en tu cosecha (la realidad), y empieces a enfocarte en lo que estás sembrando (tus pensamientos), porque esto es muy importante.

Ya verás qué tranquilidad da el saber que todo lo que pasa en tu vida es un reflejo de tu actividad mental.

Afirmaciones vs. visualización:

Si tuviese que recomendar a alguien la mejor técnica para empezar a ver resultados rápidos en su vida, yo recomendaría las afirmaciones, porque es la técnica que más he utilizado.

He atraído varias cosas importantes utilizando la visualización, y para muchas personas seguramente esta sea la mejor técnica.

Pero para mí son las afirmaciones, porque puedes ver resultados casi inmediatos. Muchas veces he practicado las afirmaciones y en cuestión de horas he recibido más dinero, por eso es mi técnica favorita.

Las afirmaciones mejoran la vida progresivamente, poco a poco vas incrementando tus ingresos y tu calidad de vida.

Mientras que las visualizaciones normalmente tardan más tiempo en manifestarse (pueden tardar semanas o meses), **puedes lograr cambios muy importantes en tu vida, puedes ganar premios de lotería o la casa de tus sueños, como hicieron Cynthia Stafford y Helene Hadsell.**

Es importante tener claro cómo funcionan ambas para saber qué es lo que más se ajusta a lo que estamos buscando, aunque yo recomiendo practicar ambas técnicas.

Las afirmaciones trabajan tus creencias subconscientes, y como la vida es un reflejo de nuestras creencias, practicarlas te asegurará una mejoría en todos los aspectos de vida, y lo bueno es que no tendrás que esperar mucho para verlo.

La visualización sirve para generar un cambio de conciencia, y como la conciencia es la creadora de tu realidad, puedes crear cosas increíbles en tu vida, pero llevarán un tiempo de gestación.

Sabiendo esto, yo creo que ya puedes elegir cuál es la técnica que te interesa más.

Afirmaciones:

Vamos a hablar un poco sobre las afirmaciones, que se merecen un poco de protagonismo en este libro, ya que yo llevo más de 7 años practicándolas casi a diario y te aseguro que si no viese resultados, las hubiese dejado de lado hace mucho tiempo, pero aún me siguen funcionando, y eso que siempre utilizo las mismas.

Las afirmaciones son frases positivas, que si las repetimos de forma consciente durante unos minutos, pueden sugestionar nuestro subconsciente y alterar nuestra realidad positivamente.

La repetición constante de una afirmación nos lleva al convencimiento pleno en esa frase, aunque sea mentira.

Un hombre llamado Joseph Goebbels, que fue el propagandista de Hitler en la Segunda Guerra Mundial, era un gran conocedor del poder de la sugestión, sabía muy bien cómo manipular a las masas y era tan eficaz en lo que hacía que, aún hoy en día, 75 años más tarde, hay personas que aún siguen defendiendo lo indefendible.

Este hombre a pesar de que utilizó sus conocimientos de forma destructiva, descubrió que «Una mentira repetida mil veces, se convierte en verdad».

Años más tarde políticos de todo el mundo, adoptaron este conocimiento nazi, que se basa en construir una afirmación que repiten hasta la saciedad.

Y hoy en día, si te fijas en el discurso de un político, todo el rato están utilizando afirmaciones que repiten constantemente para influir nuestras mentes.

Me viene a la cabeza el discurso del presidente Obama, en el que decía constantemente, «*Yes, we can*» (nosotros podemos), mensaje que fue grabado a fuego en los millones de personas que lo escucharon.

Los políticos saben que la **repetición de afirmaciones genera creencias muy profundas.**

La mente es como un potente ordenador, y las afirmaciones son las órdenes que le damos a ese ordenador; mediante las afirmaciones, le sugerimos a la mente qué es lo que deseamos experimentar en nuestra vida.

Louise L. Hay es una de las personas que más luz ha aportado al tema de las afirmaciones. Y una de las cosas que más me impactaron es que muchas personas sanaron una enfermedad grave como el cáncer simplemente repitiendo constantemente una afirmación que fomentaba el amor propio.

Me quiero y me acepto, tal y como soy.

Desde que leí un libro de Louise, hace años, sigo practicando las afirmaciones casi a diario.

Me han pasado cosas tan increíbles desde que utilizo mis afirmaciones; por ejemplo, gané 50.000€ con mi sitio web y mi contenido llego a más de 80.000.000 de personas. Hoy en día, sigo alucinando con eso.

Lo que más me gusta de las afirmaciones es que se abren canales de abundancia para ti, y aunque no conozcas la forma de ganar el dinero que necesitas, el dinero vendrá, y siempre lo hará por el canal por el cual tú tengas menos resistencia.

Por ejemplo, muchas veces yo he hecho las afirmaciones y mi marido ha incrementado su salario, aumentando así mi calidad de vida; aunque él piense que el dinero viene por él, yo sé que el dinero viene porque yo hago afirmaciones, porque él al principio era el canal por el que yo tenía menos resistencia. Muchos escépticos no creerán esto, pero yo sí, porque de hecho, una vez discutimos, él se fue a vivir a otra casa y a mí se me abrió otro canal, por el cual el dinero me llegó mágicamente.

Y digo mágicamente porque fue increíble, fui a la biblioteca de mi pueblo y había un tablón de anuncios. Me quedé mirando por un segundo, y en uno de los anuncios ponía, «Busco persona que me dé clases de informática básica», y yo pensé, «A mí me encantan los ordenadores, no sé dar clases, pero por llamar, no pierdo nada».

Al llamar hablé con un hombre mayor ya jubilado. Resultaba que él y su mujer tenían su segunda residencia en mi pueblo, querían iniciarse en el mundo de internet y no necesitaban una maestra experta, por lo que yo les servía perfectamente. **«Qué suerte», pensé yo.**

Me pagaban 7 euros la hora, que es un salario superior a la mayoría de trabajos en los que yo había estado, ya que por ser camarera me pagaban unos 5 euros la hora, y por ir al campo a recolectar verduras me pagaban 4 euros la hora. Me refiero a que era un trabajo amable y bien pagado, comparándolo con otros trabajos que yo había desempeñado.

Estuve un par de meses dando clases particulares a esta pareja de personas mayores, y la verdad es que no aprendieron mucho, porque aunque yo tenía mucha paciencia y les repetía las cosas 20 veces, era evidente que los ordenadores no eran lo suyo.
Cuando se fueron de mi pueblo, fui con mi amiga a cenar con ellos, y de verdad, fueron personas encantadoras que se portaron genial conmigo.

Al poco tiempo, también en la biblioteca encontré un anuncio para limpiar en una casa, y es curioso porque yo soy una persona un poco maniática con la limpieza y me gusta limpiar sobre limpio. Y esto fue lo que el Universo me dio, una casa que siempre estaba limpia y que yo solo tenía que perfeccionar. Aún les tengo mucho cariño a los residentes de esa casa, a pesar de los años que han pasado. Sin duda practicar las afirmaciones me permitió conocer a personas maravillosas.

Pero no solo eso, las afirmaciones me permitieron dedicarme a lo que siempre había soñado, ganar dinero con un ordenador.

Siempre me encantaron los ordenadores, pero trabajar desde casa, ganando dinero con un ordenador, era un SUEÑO que veía muy lejano.

Pero un día se me ocurrió probar suerte y subí 7 vídeos a Youtube. Eran vídeos poco profesionales que consistían en imágenes y afirmaciones. Simplemente dejé los vídeos en la plataforma y me olvidé del tema, no tenía ninguna esperanza de tener éxito en Youtube.

Yo seguía practicando mis afirmaciones como de costumbre, y cuando me di cuenta, uno de los vídeos se había hecho viral, llegando en poco tiempo al millón de visitas. Aún recuerdo mi primer ingreso del canal, para mí fue todo un triunfo, porque había hecho un sueño realidad.

Mi primer cheque de Youtube me motivó a seguir haciendo vídeos sobre la Ley de Atracción, y me lo tomé en serio. Hacía un vídeo al día y mi disciplina no tardó en dar sus frutos.

Era increíble porque hacia vídeos con imágenes, letras y música, muy poco profesionales, y aun así generaba fácilmente 3.000 euros al mes. Nunca olvidaré, por ejemplo, que en diciembre del 2017 gané 4.200 euros al mes, sin salir de mi casa, dedicando una hora diaria, y sin ningún esfuerzo.

Estoy totalmente convencida de que esa «suerte» que tuve en Youtube, tiene que ver con las afirmaciones que hago, porque he visto canales superprofesionales, que no generaban más de 100 dólares al mes.

Todo el mundo sabe que no es tan fácil vivir de Youtube, que es cuestión de «suerte», pero yo llevo años viviendo de Youtube, he sido autónoma, llevo muchos años sin tener un trabajo convencional, y todo lo que he conseguido se lo debo a las afirmaciones.

Para mí que mi canal generase un salario, que tuviese más de 80.000.000 de visitas, y que tenga casi 500.000 suscriptores, todo esto, se lo debo a las afirmaciones.

Gracias a las afirmaciones se me abrió un canal, y nunca mejor dicho, un canal de Youtube, que me proporcionó un buen salario, que me permitió viajar, comprarme un coche, pude renovar la casa, comprar electrodomésticos nuevos... Me sentí libre, con tiempo y dinero para disfrutar, y encima me dieron un premio por llegar a los 100.000 suscriptores, y todo esto, sin haber aparecido yo físicamente en ningún vídeo. Es increíble.

Porque todos conocemos a Youtubers que ofrecen un contenido de calidad y que tienen millones de suscriptores porque se lo merecen.

Pero yo ni siquiera he salido en ningún vídeo, mis vídeos los podía haber hecho cualquiera. Yo tuve éxito porque fui una de las primeras personas en hablar de la ley de atracción en Youtube en español y por practicar las afirmaciones.

A los cuatro años de trabajar en Youtube, me cansé de ser autónoma porque tenía que pagar muchos impuestos, además cada día tenía menos ganas de hacer vídeos, porque esa forma de hacer vídeos ya me aburría, se podría decir que perdí la ilusión.

Pero yo estaba tranquila, porque sabía que si seguía practicando las afirmaciones, se me abriría otro canal, y estaba segura de que siempre tendría lo suficiente.

Entonces mi marido, que había estado creando un montón de canales de Youtube (creo que llegó a tener 10 canales diferentes), empezó a generar ingresos y a ganar un salario también. Otra vez se repetía la misma historia: el dinero llegaba por el canal donde menos resistencia tenía.

En estos últimos 7 años, no he tenido ningún trabajo estable, la vida siempre me ha dado todo lo que he necesitado, y confío en que seguirá siendo así. Siempre y cuando yo practique mis afirmaciones tendré todo lo necesario, «y un sobrante divino para mis caprichos». ☺

En serio, las he puesto a prueba tantas veces que no me queda ninguna duda de que funcionan.

Yo te regalo mis afirmaciones en este libro, y te aseguro que si eres constante y las practicas hasta que las sientas como reales, en pocos días verás resultados.

Afirmaciones para ganar la lotería:

Yo tengo mi mente abierta a la riqueza.

Yo soy un(a) ganador(a) en la lotería.

Yo atraigo dinero hacia mí.

Yo merezco ganar la lotería.

He ganado la lotería.

Yo soy millonario(a).

Yo regularmente gano dinero en la lotería.

Yo soy muy intuitivo(a).

Mi intuición me genera riqueza.

Yo tengo mucha suerte en la vida.

Elegir los números ganadores es algo natural para mí.

Los billetes de lotería premiados se sienten atraídos por mí.

Las ganancias de la lotería están llegando a mi vida.

Cada día que pasa mi riqueza se incrementa.

Yo amo el dinero.

Grandes cantidades de dinero vienen hacia mí.

Yo me sincronizo con la combinación ganadora.

He ganado el premio de primera categoría de la lotería.

Mi intuición me ayuda a escoger los números ganadores.

Quiero, puedo y merezco ganar la lotería.

-FIN-

Te recomiendo que cuando practiques afirmaciones, te observes a ti mismo y te hagas consciente de cómo te hace sentir cada afirmación, y quédate con las que más funcionen para ti.

Hay veces que debido a bloqueos subconscientes, hay afirmaciones que son positivas pero que nos hacen sentir de forma negativa; estás afirmaciones evidentemente no nos sirven, porque el propósito de la afirmación es hacerte sentir bien, elevar tu vibración para que estés en armonía con tus deseos. Una sola afirmación que te haga sentir bien es suficiente para cambiar una vida entera.

Verifica mediante la autoobservación qué afirmaciones son más poderosas para ti y haz tus propios ajustes, porque cuanto antes identifiques qué afirmaciones te funcionan mejor, antes podrás atraer los resultados que deseas a tu vida.

Es normal tener resistencia y que prefieras hacer cualquier otra cosas, antes que practicar las afirmaciones, porque a nivel subconsciente tienes bloqueos que te hacen sentir un poco incómodo al pronunciar estas frases tan positivas, pero es que tienes que hacerlo para que estos bloqueos se rompan y se construyan nuevos patrones mentales que te permitan acceder la vida de tus sueños.

Si siempre tienes la misma clase de pensamientos, nunca atraerás resultados diferentes a tu vida.

Cuando empezamos a introducir nuevas ideas a nuestra mente, nuestro cerebro que es plástico (lo que significa que va cambiando cada día en función de la información con que lo alimentemos), creará nuevas conexiones neuronales, dando como resultado una transformación en nuestra vida.

Se podría decir que estamos diseñados para aprender algo nuevo cada día... Es importante meter nuevos programas en nuestra computadora, y que esta información nos permita crecer como seres humanos.

La persona que serás dentro de 5 años estará basada en toda la información que consumas hoy, por eso elige sabiamente tus libros, tus programas de televisión y las personas de las que te rodeas, de forma que te impulsen a lograr la vida de tus sueños.

****

Las técnicas de manifestación son importantes, pero hay cosas mucho más poderosas, como la comprensión real de cómo funciona nuestra mente, por eso antes del siguiente capítulo, quiero regalarte esta imagen que he diseñado para ti...

LA MENTE

SE PUEDE COMPARAR CON UN ICEBERG

**CONSCIENTE
20%**

**SUBCONSCIENTE
80%**

El subconsciente es todo aquello, que se encuentra por debajo del umbral de la conciencia.

Nuestra vida es gobernada por nuestra mente subconsciente, osea por cosas, de las que no somos conscientes.

Capitulo 3

Siéntelo como real.

Para hacer nuestros deseos realidad, tendremos que aprender cómo funciona el consciente y el subconsciente, porque una vez que sepamos cómo funcionan estas dos partes tan importantes de nuestra mente, podremos controlar el 100 por 100 de las experiencias de nuestra vida.

La mente consciente es la encargada, entre otras muchas cosas, de proporcionarnos la percepción de la realidad a través de nuestros 5 sentidos, el oído, la vista, el olfato, el gusto y el tacto. Nuestra mente consciente por su naturaleza analítica es muy limitada, no puede ver más allá del mundo físico, por lo que no puede entender la mayoría de cosas que suceden en nuestra vida.

Por el contrario, el SUBCONSCIENTE tiene un poder infinito e ilimitado, y no solo gobierna en nuestra vida, sino que de formas que escapan a nuestro entendimiento, puede influir en el campo cuántico y atraer a nuestra vida todo lo que deseamos.

Comparando nuestro cerebro con un ordenador, el SUBCONSCIENTE sería nuestro disco duro, ya que él contiene toda la información que se ha ido grabando durante toda nuestra vida, y también sería nuestro sistema operativo, porque aunque no lo creas, tu vida está puesta en piloto automático por tu Subconsciente, y constantemente estás repitiendo los mismos patrones de conducta, los mismos pensamientos, y por consiguiente, estás atrayendo el mismo tipo de experiencias a tu vida.

Para cambiar nuestra vida, es imprescindible grabar nuevos programas en nuestra mente SUBCONSCIENTE, y para eso tenemos a nuestro CONSCIENTE, que es nuestro programador personal...

Lo más importante que podemos aprender sobre la ley de atracción, es que para que algo se manifieste en tu realidad, tu consciente tiene que imprimir aquello que deseas en el SUBCONSCIENTE, y tu Subconsciente, que está en contacto con Dios, con el Universo, o como desees llamarlo, es el que tiene el poder para manifestarlo.

Cualquier cosa que tu mente CONSCIENTE acepte como verdadera, será impresa en tu mente SUBCONSCIENTE, y este la manifestará en la realidad de inmediato…

Lo que nos impide manifestar aquello que deseamos es que no aceptamos como verdadero aquello que afirmamos o visualizamos.

La mente CONSCIENTE es un guardián, y el SUBCONSCIENTE es un tesoro; la misión del guardián es proteger al tesoro de falsas impresiones.

Cuando tú dices «YO SOY MILLONARIO», el guardián dice «No lo eres», y por lo tanto, no llega a manifestarse en tu realidad.

Para imprimir nuestros DESEOS en nuestra mente SUBCONSCIENTE, sin que sean interceptados por ese guardián que protege nuestro tesoro… Lo primero que tenemos que hacer es relajar nuestra mente, antes de practicar cualquier técnica… Hay que relajar la mente consciente, esto sería equivalente a dejar a este guardián adormecido, para que no pueda cuestionar si las impresiones son falsas o no…

Está demostrado que, al despertarnos y antes de dormir, es cuando nuestra mente SUBCONSCIENTE está más receptiva, y nuestra mente CONSCIENTE está más «apagada», por lo que podemos penetrar más fácilmente en nuestra mente SUBCONSCIENTE e imprimirle ideas para que éste las manifieste.

Las personas que han manifestado grandes cosas siempre hablan de una relajación previa. Simplemente hay que respirar varias veces, aguantando la respiración varios segundos, hasta que nuestro cerebro vaya relajando. Para saber si estamos haciendo bien la relajación, observaremos nuestro cuerpo, ya que en este estado te sentirás tan cómodo que ni siquiera querrás moverte; eso será indicativo de que la tensión de tus músculos se ha reducido. Sentirás tus brazos pesados y adormecidos.

En este estado, tu mente se sentirá en **PAZ**, ya que tus problemas cotidianos desaparecerán, por lo que es el momento perfecto para reprogramar tu mente **SUBCONSCIENTE.**

La llave para abrir el tesoro es el SENTIMIENTO. El sentimiento es lo que le confirma al SUBCONSCIENTE que algo es verdadero. El SUBCONSCIENTE no sabe distinguir entre sentimientos verdaderos o falsos, él solo entiende que un SENTIMIENTO es un hecho real, porque ya existe en el momento presente. **Por eso, la mejor forma de impresionar a nuestro subconsciente es el SENTIMIENTO, y la mejor forma de hacer tus deseos realidad, es sentir el SENTIMIENTO que sería tuyo si tu deseo se hubiese hecho realidad.**

Cuando sientes la realidad de tu deseo ya cumplido, estás haciendo tu parte; tu SUBCONSCIENTE, de maneras que nunca entenderemos, creará los medios para que ese deseo se materialice en la pantalla del espacio.

La mayoría de personas no saben si están practicando bien sus técnicas de manifestación...

¿Cómo saber si he imprimido correctamente mis deseos en el subconsciente?

Esto es algo de lo que nadie habla y es muy importante. Debemos hacer las afirmaciones de manera continua, yo las hago unos 15 minutos seguidos, **hasta que se cree en nuestro interior el sentimiento de que lo que estamos afirmando es verdad** cuando notemos que nuestra vibración sea elevada y nos sintamos fantásticamente bien.

En el caso de la visualización, es muy importante que sea lo más real posible y que sostengamos esa película mental **hasta que sintamos la realidad de esa escena,** tiene que ser tan real como la vida misma. Cuando termines la visualización, te tienes que haber quedado satisfecho, ya no desearás tener aquello que antes deseabas, porque ahora lo tienes mentalmente, no puedes seguir deseando algo que ya tienes; **de esta forma, sabremos que hicimos correctamente la visualización.**

Hace miles de años, muchas civilizaciones, como los mayas, los incas, los vikingos, romanos, griegos… **realizaban sacrificios a los Dioses como ofrenda para, a cambio, pedirles un favor… Este favor normalmente era ABUNDANCIA…**

Ellos pensaban que haciendo tal cosa iban a atraer aquello que deseaban, y se convencían a sí mismos, de forma que finalmente lo atraían...

Para poder manifestar algo en nuestra vida, tenemos que hacer una ofrenda del Sentimiento que sería nuestro si ya tuviésemos aquello que deseamos. De esta forma, el Universo procederá a manifestarlo.

Para que algo sea creado en el reino de la mente, debe ser pensado como algo que ya existe. Por eso, todas las técnicas de la Ley de atracción tienen como finalidad hacernos SENTIR que ya tenemos lo que deseamos.

El sentimiento es la clave para manifestar cualquier cosa que deseas.

Cuando empecé a practicar la ley de atracción pensaba que los pensamientos eran lo más importante en el proceso de manifestación, y lo son en cierto modo, porque todo parte de un pensamiento.

Pero la capacidad creadora la tienen sin duda nuestros sentimientos; debes acceder a la forma en la que crees que te sentirás una vez que alcances tu deseo para que la práctica tenga el impacto deseado.

Los sentimientos son muy importantes para la mente subconsciente, porque algo que se siente es algo que existe ahora, es un hecho consolidado.

Los sentimientos son muy poderosos, atraen resultados muy rápidos; por eso, elige pensar y sentir positivamente, de esta forma atraerás experiencias positivas a tu vida.

Siente a diario que ya tienes la vida que deseas, siente que ya eres la persona que deseas ser, siente que ya tienes lo que quieres tener, porque esta será siempre la forma más rápida de manifestar cualquier cosa…

Capitulo 4

La fe.

«La Fe es la certeza de lo que se espera, la convicción de lo que no se ve», Hebreos 11:1.

Tener Fe para mí significa, creer que mi deseo se hará realidad, aunque no tenga prueba de ello por el momento. **Cuando tenemos Fe, nos proyectamos al Universo desde la seguridad de que aquello que deseamos ya es nuestro, a pesar de que aún no podemos tocarlo.**

Mi abuela desde bien pequeña, me enseñó a tener Fe en Dios y siempre me decía «Será lo que Dios quiera», me inculcó que no debía de preocuparme demasiado por nada, porque Dios siempre cuidaría de mí.

Hoy en día, sigo caminando segura por la vida, gracias a la Fe que mi abuela me compartió.

Mi experiencia personal me dice que Dios existe. Cuando me refiero a Dios, me refiero a una poderosa energía que tuvo que crear este planeta y todo lo que conocemos.

Mi Fe en Dios me ayuda mucho en mi vida personal, me da tranquilidad, serenidad y paz, sean cuales sean las circunstancias.

Yo veo la Fe como una gran herramienta para hacer tus deseos realidad y como un paracaídas…

La Fe es un paracaídas, porque cuando pasemos por alguna circunstancia difícil en la vida, ya sea depresión, enfermedad…., yo podré salir de ella gracias a mi Fe. Esto es poderosísimo, cuanta más Fe tengas, más poder.

Hay personas que no creen en Dios y eso es respetable, pero yo les diría a esas personas que **yo creo en Dios por mí, porque a mí me beneficia creer en él.**

Para las personas a las que les cuesta mucho creer en lo que no pueden ver, les regalo esta frase…

«Solo con el corazón se puede ver bien; lo esencial es invisible a los ojos», *El principito.*

La Salud, el Amor, la Amistad… puede que sean invisibles para nosotros, pero no sabríamos vivir sin ellos…

Con el tiempo he aprendido a guiarme por mis sentimientos. Cuando empiezas a hacer esto, tu intuición se empieza a desarrollar, y entonces te das cuenta de que hay personas que te dicen unas cosas, pero que te transmiten otras totalmente contrarias. Y te aseguro que aunque veas o te digan una cosa, si lo que te hacen sentir es diferente, siempre terminarás creyendo al sentimiento, porque es más poderoso.

Y es que nuestros sentidos nos engañan todo el tiempo... Tus sentidos te dicen que la Tierra es plana, cuando según los científicos es redonda.

Guíate por tu intuición, por lo que te haga sentir, aunque no lo entiendas.

El mejor consejo que te puedo dar es: DALE LA ESPALDA A TUS SENTIDOS Y SIENTE QUE YA TIENES LO QUE DESEAS, siéntelo hasta que lo creas y no tardarás en verlo físicamente.

Una vez estaba leyendo la biografía del que se consideró durante mucho tiempo el hombre más rico del mundo, también llamado John D. Rockefeller... Y debo decir que me impresionaron mucho las palabras de este hombre, concretamente esta afirmación...

«Dios me dio mi riqueza».

John Rockefeller leía la Biblia de principio a fin cada día, se dice que tenía una Fe absoluta.

Si la Fe mueve montañas, es evidente que una persona con mucha Fe puede lograr cualquier cosa que se proponga.

La Fe en Dios es poderosa, pero también lo es la Fe en nosotros mismos, con la que podemos alcanzar los deseos más increíbles que jamás hayamos deseado.

Siendo sincera debo decir que no soy una persona religiosa, pero aun así, sé reconocer un buen libro cuando lo veo, y la Biblia no solo es el libro más vendido de la historia, sino que también es uno de los libros que más ha influido a las personas a lo largo de los siglos, y personalmente lo que más me fascina es que es un libro lleno de simbolismos que hay que descifrar, todas las historias contenidas en este libro sagrado, son aplicables a nuestra vida personal.

Por eso, muchos maestros espirituales, **invirtieron buena parte de su vida en descifrar estas historias «sagradas»,** y en trasmitirlas a las personas que acudían a sus conferencias… Lo hacían con un lenguaje sencillo, para que todo el mundo captase el mensaje y pudiese aplicar estos conocimientos a su vida.

Recuerdo que cuando descubrí la ley de atracción yo estaba desempleada, me faltaban las cosas más básicas, y un día navegando por internet, encontré casualmente un libro electrónico que tenía de título *Como atraer dinero,* **escrito por Joseph Murphy.** Mi naturaleza curiosa hizo que leyese las primeras páginas; sin duda, ese libro cambió algo en mi mente, porque mi vida ya no volvió a ser la misma. **Después de leerlo, nunca más me volvió a faltar nada, gracias a él erradiqué la carencia de mi vida…** y han pasado ya muchos años desde aquel libro, y siempre he tenido todo lo que he necesitado, a pesar de que no tengo un trabajo físico.

Ese libro me hizo entender que si confiaba en Dios, siempre tendría lo suficiente.

De todo lo que leí, lo que más me impactó fue un versículo de la Biblia, que dice así…

«Mirad las aves del cielo, que no siembran, ni siegan, ni recogen en graneros; y, sin embargo, vuestro Padre celestial las alimenta. ¿No valéis vosotros mucho más que ellas?», Mateo 6:26.

Y es que, si investigas un poco, te darás cuenta de que **el mundo está configurado de forma que haya abundancia para todos,** tenemos una atmósfera que nos protege, llena de oxígeno para que podamos respirar, cada país tiene alimentos propios de la zona en la que se encuentre, hay yacimientos de minerales en los 5 continentes, existen infinidad de árboles con frutos comestibles… Es increíble la cantidad de abundancia que existe hoy en día, y aun así hay personas que no tienen lo suficiente. **Es evidente que los recursos están mal repartidos, pero aunque se volvieran a repartir todos los recursos del mundo,** incluido el dinero y esta vez de forma equilibrada para que todos tuviésemos lo mismo, al poco tiempo todo volvería a ser igual, porque la abundancia que hay en mi vida es un reflejo de mi mentalidad…

Termostato financiero:

Tu mente está acostumbrada a tener una cantidad concreta de dinero. A este fenómeno se le llama el termostato financiero y cada persona tiene uno en su interior.

Hay una cantidad de dinero con la que te sientes cómodo. Puede que esa cantidad sea tu salario (1.000 dólares mensuales), y si ganases un premio en la lotería de 10.000 dólares de repente, esa nueva cifra te haría sentir tal incomodidad, que gastarías o regalarías dinero hasta quedarte con los 1.000 dólares a los que estás acostumbrado.

Esto explica por qué el 70 % de los ganadores de la lotería se gastan todo el dinero antes de 5 años, porque ellos **están inconscientemente programados** para tener una cantidad concreta de dinero, **y aunque logren manifestar una gran suma de dinero, no pueden mantenerla, porque no se han preparado mentalmente para recibirla.**

Para aumentar nuestro termostato financiero y poder mantener cantidades más grandes de dinero cada día, lo que tenemos que hacer es imaginar siempre que tenemos cantidades mayores a las que en realidad tenemos; si tu salario es de 1.000 dólares, imagina y siente que es el doble, o sea 2.000 dólares.

Cuando tu mente se acostumbre a esa nueva cifra, auméntala, sintiendo que ahora son 3.000 dólares.

Supongamos que quieres atraer un gran premio de lotería, visualiza que ya es tuyo y hazte consciente de la incomodidad que te provoca tener esa gran cantidad de dinero. Al principio es normal que sientas incluso tensión en todo tu cuerpo, te sientes incómodo, es como cuando te compras ropa nueva, te sientes raro, pero poco a poco te vas familiarizando con la prenda, y al poco tiempo, la ves normal... Inevitablemente esto me lleva a la siguiente conclusión.

*INCOMODIDAD = PROGRESO = ÉXITO

*COMODIDAD = ESTANCAMIENTO = FRACASO

Esto es aplicable a todos los aspectos de tu vida, por ejemplo, puede que no te apetezca hacer gimnasia, pero si te pones incómodo, progresarás y tendrás éxito en perder esos kilos de más.

Ha habido muchos días que no me ha apetecido hacer mis rutinas de manifestación, pero aun sin ganas, las he hecho, porque para mí hacer las afirmaciones significa progresar en mi vida... Por eso las sigo haciendo...

La fe y la Biblia:

Leer la Biblia es una de las mejores formas de reforzar nuestra Fe.

Cuando investigaba sobre la ley de atracción y veía que tantísimas personas estudiaban la Biblia, no lo entendía, porque yo asociaba la Biblia con la religión, y tuve que derribar un gran muro de prejuicios para poder comprender por qué este libro es tan poderoso.

Ha sido un libro muy mal interpretado, por ejemplo, de siempre se ha dicho que Biblia es el mensaje de Dios, algo que nosotros nunca entendimos bien, yo he leído que en la Biblia se dice…

«Toda la Escritura es inspirada por Dios».

2 Timoteo 3:16

Para mí lo que significa este versículo es que, cada vez que nosotros nos expresamos creativamente, recibimos inspiración de Dios, pero este versículo para otra persona puede significar que la Biblia es la palabra de Dios.

Y es que hay tantas interpretaciones de la Biblia, como personas en el mundo.

Según Joseph Murphy y Neville Goddard, la Biblia es el libro psicológico más increíble de todos los tiempos.

Hay muchísimas curaciones milagrosas por parte de Jesús, pero una de las más increíbles fue la curación de dos ciegos.

La historia cuenta que se acercaron a Jesús los ciegos y él les dijo:

—¿Creéis que puedo hacer esto?

Ellos le respondieron: —Sí, señor.

Entonces les tocó los ojos diciendo:

—Hágase en vosotros según vuestra Fe.

Y se les abrieron los ojos.

****

Según Joseph Murphy, Jesús no tenía ningún poder extraordinario, sino que era la Fe que la gente depositaba en él la que obraba estos milagros.

****

Esta pequeña parábola lo que nos enseña es que según tu Fe, te será dado.

Sin duda la enseñanza más poderosa de la Biblia
es tener Fe en Dios.

*** **«Fe es creer en Dios, no titubear, no escuchar lo que es contrario a la voluntad y dirección del Señor, porque la Fe es la certeza de lo que se espera, la convicción de lo que no se ve...», Hebreos 11:1.**

Cuando leo este versículo que la Biblia interpretó que es aplicable a cualquier cosa que deseemos, por lo que para mí, este versículo significa...

*** **Fe es creer que tu deseo se hará realidad, no escuchar lo que es contrario a la realización de tu deseo, porque la Fe es tener la certeza de que tu deseo se hará realidad, debes tener la convicción aunque no lo puedas ver todavía...**

Si comparas el versículo de la Biblia con mi interpretación personal, te darás cuenta de cuán poderoso es el mensaje de la Biblia y de que hay tantas interpretaciones posibles como seres humanos en el planeta.

«Por medio de la Fe caminamos en el camino de la luz, poniendo primero los ojos en el reino de Dios, todo lo demás viene por añadidura», Mateo 6:30.

Cuando pedimos algo y nuestra petición no es contestada, nuestra Fe se tambalea, y por consiguiente, perdemos la Fe. Hay infinidad de razones por lo cual esto sucede, pero de algo estoy completamente segura, y es de que…

NO HAY NADA IMPOSIBLE PARA DIOS, Y PARA EL QUE CREE, TODO ES POSIBLE.

Si pudiésemos pedir nuestros deseos con Fe, no dudando ni un poco, sino confiando y esperando que nuestra petición sea contestada, todos nuestros deseos se harían realidad.

«Camina por Fe, no por la vista».

(Corintios 5:7)

Una persona que camina por la vida con Fe tiene una confianza plena de que aquello que desea, le será dado. Todo lo contrario a las personas que caminan por vista, que necesitan ver pruebas del exterior, porque carecen de Fe y solo creen en lo que sus sentidos dictan.

Solo las personas que aprendan a caminar por Fe en la vida podrán atraer los resultados que desean.

Desde pequeños nos enseñaron que había que ver para poder creer, pero la verdad es que **en la vida hay que creer para poder ver,** porque si tú no crees, nunca podrás atraer lo que deseas, necesitas creer que va a ser tuyo, aunque no tengas ninguna evidencia de que así será.

Las personas que necesitan ver para creer estarán condenadas a ver siempre los mismos escenarios de vida, porque la vida es un reflejo de nuestro interior y tiene que haber un cambio mental para poder desencadenar un cambio en el exterior; una vez que cambiamos nuestra mentalidad, nuestra vida se transforma de forma automática.

Nada ni nadie se puede interponer en el camino de una persona que cree firmemente que logrará lo que desea. Porque esta persona se vuelve imparable. Cuanto más creas en ti y en tu capacidad para atraer lo que deseas, más rápido y eficazmente lo atraerás.

Caminar por Fe para mí significa que cuando hago mi técnica de manifestación, tengo que estar un tiempo caminando por Fe (mientras que mi deseo se materializa en la realidad) sabiendo que aunque aún no puedo ver las pruebas físicas,

si sigo caminando por Fe, creyendo que ya es mío, me será dado. Por el contrario, si camino por vista, me llenaré de dudas y bloquearé la manifestación. **Para manifestar hay que creer que ya es tuyo, ya lo dice la Biblia, cree que ya es tuyo y te será dado.**

Caminar por Fe no solo te servirá para hacer tus sueños realidad, sino que es una filosofía de vida, porque pase lo que pase en tu vida, por muy terribles que sean las circunstancias, si tienes Fe en que tu vida mejorará, así será, y si por el contrario caminas por vista y te quedas observando por mucho tiempo las cosas malas que te pasan, tu conciencia las perpetuará en el tiempo.

Pero si quitas tu conciencia del problema y te enfocas en la solución, siempre se solucionará, porque los problemas necesitan de tu atención para poder sobrevivir en tu mundo.

La Fe es el ingrediente imprescindible para los Milagros.

La Biblia está llena de historias milagrosas, sobre todo sanaciones inexplicables, ciegos que recuperaron la vista, sordos que volvieron a oír...

Pero no a todas las personas les funcionaban los milagros, solo a aquellas que tenían Fe.

En la Biblia se dice:

«También a nosotros se nos ha anunciado la buena noticia como a ellos; a ellos de nada les sirvió haber oído la palabra, por no ir acompañada de Fe en los que la oyeron», Hebreos 4:2.

Este versículo hace referencia a que si no tienes Fe en la realización de tu deseo, no servirán de nada todas las técnicas de manifestación que practiques, ya que la falta de Fe es asumir que no crees en la realización de tu deseo.

Como decía Jesús, para el que tiene FE, todo es posible. Si tuvieses únicamente una pizca de Fe, podrías hacer cualquier deseo realidad.

La Fe de mi abuela

Como ya te conté anteriormente, mi abuela me inculcó la Fe, ella nunca fue a la escuela, no sabía leer ni escribir, pero nunca he conocido a una persona más sabia que ella. Conocía todos los nombres de las plantas, parecía saberlo todo acerca de la naturaleza, tenía remedios naturales para todo, la recuerdo como una mujer con mucha fuerza, era invencible.

No era una persona especialmente religiosa, **pero tenía una Fe inquebrantable, creía en Dios y en un santo llamado San Pascual.**

Ella tenía sus propios rituales, y cuando a alguien de la familia le pasaba algo, ella hacía una promesa a San Pascual y siempre se le cumplía.

A veces encendía una vela, como ofrenda a San Pascual, cogía la imagen del santo en sus manos y le decía «San Pascual si me cumples esto que te pido, voy a ir a tu santuario (que está a uno 40 kilómetros de donde vivimos), y voy a subir el monte que hay hasta el santuario 3 veces, o lo voy a subir descalza (había gente que lo subía incluso de rodillas)».

Como su Fe se había materializado varias veces, esta Fe se había transformado en una creencia fuertemente implantada en su subconsciente. Tenía la firme creencia de que San Pascual cumpliría siempre todo lo que ella le pidiese.

Mi abuela hacía una promesa, le decía al santo que a cambio de hacer lo que ella le pedía, ella subiría el monte donde en la cima se encontraba el santuario de San Pascual. Pero la última vez que le pidió algo, ya era muy mayor, tenía problemas en las piernas y eso le impidió subir el monte como ella había prometido.

Estaba muy preocupada, porque no podía cumplir su parte del trato, como siempre lo había hecho, y esto le jugó una mala pasada… Durante una fría noche de invierno tuvo un sueño muy raro, en el que aparecía San Pascual, de repente se despertó muy sobresaltada porque escuchó un fuerte golpe en la puerta de la casa, se asomó corriendo y no había nadie, la calle estaba desierta. Al otro día cuando nos lo contó, nos dijo que San Pascual le había tocado la puerta y que teníamos que ir a cumplir su promesa. Entonces mi madre, mi hermano y yo, que era pequeña, siguiendo la fiel creencia de mi abuela, fuimos a San Pascual, y subimos el monte, varias veces, para que de esta forma mi abuela se quedase en PAZ. Nunca más volvió a hacer promesas, pero sí que decía a veces «San Pascual bendito ayúdame en esto, o en lo otro…». Y siempre le funcionaba.

Otra cosa que aprendí de mi abuela fue a dejar en manos de Dios cualquier problema; cuando había una situación de la que no podía controlar el resultado, ella simplemente afirmaba…

«Que sea lo que Dios quiera».

Si lo haces, verás cómo automáticamente te sientes liberado de cualquier carga. Casualmente en la Biblia está escrito: **«Cuando ponemos nuestros problemas en las manos de Dios, él pone su paz en nuestros corazones», Filipenses 4:6.**

Como ya te dije, mi abuela no sabía leer, por lo que nunca leyó la Biblia, y todo lo que sabía, lo había aprendido de la sabiduría popular, de su madre o de su propia experiencia.

Un dato increíble es que antiguamente, en la época de nuestros abuelos, las personas tenían mucha Fe, y a pesar de que ocurrieron los acontecimientos más horribles de la historia (guerras, hambre...), ellos se aferraban a su Fe con todas sus fuerzas y podían con todo, eran prácticamente indestructibles.

Hoy en día, vivimos en un mundo aparentemente amable y cómodo, pero estamos totalmente desapegados de lo espiritual, nos cuesta tener Fe, y por eso, cualquier situación por insignificante que sea, nos derrota, como diría mi madre, «Nos ahogamos en un vaso de agua».

La razón por la que pasa esto es porque en los buenos tiempos, sentimos indiferencia por la espiritualidad, mientras que en tiempos difíciles, o cuando nos pasa algo malo, recurrimos a Dios, y se produce un despertar espiritual... Ya que en la adversidad, necesitamos proveernos de herramientas invisibles pero superpoderosas, como la Fe.

Deberíamos aprender a cultivar la Fe, dejar nuestros problemas en las manos de Dios y enfocar nuestros pensamientos en todo lo positivo de la vida.

Si quieres ser feliz, tienes que aprender a ignorar todo lo que te disgusta.

Y como siempre, también hay un versículo en la Biblia para decirte que enfoques tu mente solo en lo positivo.

«Por lo demás, hermanos, todo lo que es verdadero, todo lo honesto, todo lo justo, todo lo puro, todo lo amable, todo lo que es de buen nombre; si hay virtud alguna, si algo es digno de alabanza, en esto pensad», Filipenses 4:8.

Si haces caso a este versículo y centras tu mente en todo lo positivo de la vida, nunca alimentarás aquello que crea las experiencias negativas en tu vida y tendrás una vida grandiosa.

Como ya te dije, llevo años siendo una persona positiva y en este tiempo no he tenido experiencias desagradables, solamente contratiempos de los que he sabido ver el lado positivo.

Pero pienso que es normal, que en una situación muy difícil la positividad se pierda por completo, porque somos humanos. Cuando perdemos a un ser querido, pasamos por varias fases: la negación, la ira, la negociación, la depresión y la aceptación. Cuando estás en la depresión, lo ves todo oscuro, te sientes tan triste que no quieres vivir, y en un momento determinado, hay algo en tu interior que te empuja para arriba, y se produce un despertar espiritual. En el momento en que me sucedió eso, empecé a buscar información sobre qué era la muerte exactamente, y después de mucho investigar, llegué a la conclusión de que la muerte era una liberación de la vida, y que aunque esa persona no estuviese físicamente conmigo, siempre estaríamos juntas a nivel espiritual. Empecé a practicar la meditación y a tener una mayor comprensión de la vida, entonces llegó la aceptación, que yo llamaría renacimiento, porque después de eso nunca volví a ser la misma persona.

Te cuento esto para que sepas que por más que te pase en la vida, por más hundido que estés, siempre habrá algo en tu interior que te empujará para arriba. Así que estate tranquilo y confía.

Te puedo asegurar que, sin esa sacudida que me dio la vida, yo no estaría ahora mismo escribiendo un libro, ni tendría la mentalidad que tengo. Viéndolo con la perspectiva del tiempo, en ese momento determinado, **yo era una oruga (una persona sin conciencia) y necesitaba una metamorfosis (cambio derivado de una experiencia negativa), para poder transformarme en mariposa (un ser espiritual).** Solemos ver las experiencias negativas de la vida, la muerte, la enfermedad, la carencia... como castigos, pero no lo son, sino todo lo contrario, es la forma que tiene tu alma de decirte que hay algo que tienes que cambiar, **es tu alma dándote otra oportunidad** para que cambies de dirección y sigas tu propósito de vida.

Si venimos a la vida a aprender, a evolucionar como seres humanos, no hay mejor maestro, ni ninguno que enseñe más, que el dolor...

Vivimos en un mundo de dualidad, donde existe el amor y existe el odio. El amor es posiblemente el sentimiento más maravilloso de este mundo, pero el odio es un buen maestro y nos enseña a perdonar. Sentir amor es algo grandioso, pero aprender a perdonar es una de las lecciones básicas que venimos a aprender a este mundo, porque solo quien sabe perdonar, sabe amar incondicionalmente.

Lo que intento decir es que todo lo que suceda en nuestra vida, por malo que parezca, a la larga será para nuestro bien; a veces es un bien más elevado y nosotros desde nuestra mente consciente, que es muy limitada, no podemos entenderlo, pero tenemos que aprender a tener Fe y a confiar...

La epístola de Santiago es quizás la carta más antigua del Nuevo Testamento. Como su nombre indica, la escribió Santiago en el año 48 d.C. y tenía como objetivo reforzar la Fe de las doce tribus de Israel.

Y en ella se dice así:

«Considerad como máxima alegría, hermanos míos, el hecho de que paséis diversas pruebas, sabiendo que la comprobación de vuestra Fe produce paciencia, y de la paciencia se obtiene una obra perfecta: para que seáis perfectos e íntegros, sin que os falte cosa alguna. Si alguno de vosotros carece de sabiduría, pídansela a Dios que da a todos generosamente, y sin echarlo en cara, le será concedida; **pero que la pida con Fe, sin dudar, pues el que duda, se parece a una ola del mar llevada por el viento y arrastrada.** Pues no suponga aquella persona, que recibirá algo del Señor; porque es un hombre doble, inestable en todo su proceder».

Ten Fe, sigue adelante y confía, pues el tiempo de Dios es perfecto y lo que está destinado para ti, llegará a tu vida en el momento exacto.

Cómo reforzar tu Fe:

Según un estudio que se realizó en Chile, en 2018 8 de cada 10 personas creen en Dios y solo 1 de cada 10 cree en la religión.

En Argentina, también se hicieron unas encuestas, dando como resultado que el 80% de las personas encuestadas tenían una creencia en Dios, pero que al igual que en Chile, la religión estaba perdiendo devotos por momento.

En España más de lo mismo, aunque la mayoría somos en teoría católicos, porque nos tocó serlo, ya que nuestros padres nos bautizaron. En la práctica, nos sentimos totalmente desconectados de la religión, e incluso nos incomoda ir a la iglesia.

Es evidente que la mayoría de nosotros no creemos en la religión, sin embargo aún tenemos la creencia profunda de que DIOS existe.

El problema que tenemos es que adoramos a un Dios, que ha sido distorsionado por la falsa interpretación de la Biblia. Algunas personas incluso asocian la imagen de Dios a la imagen de Jesucristo, y esto está muy alejado de la realidad. **Jesucristo fue un maestro que intentó compartirnos un claro mensaje que fue mal interpretado...**

El mensaje que Jesús quería transmitirnos era: El reino de Dios está dentro de ti.

Por primera vez vamos a ver qué se dice en la Biblia y vamos a sacar nuestras propias conclusiones:

En la Biblia está escrito que Jesús dijo:

1   «Todo lo que tiene el Padre es mío», Juan 16:15.

2) «Yo y el Padre somos uno», Juan 10:30.

3) «Y todo lo que pidiereis al Padre en mi nombre, lo haré, para que el Padre sea glorificado en el Hijo», Juan 14:13-14.

1) En el primer versículo, Jesús dice que todo lo que existe en el mundo es su derecho de nacimiento, porque él, al igual que todos nosotros, es hijo de Dios, por lo tanto, todo lo que existe nos pertenece, es nuestra herencia divina.

2) En el segundo versículo, Jesús dice que Dios y él son la misma cosa, lo que significa que Dios es parte de nosotros, o nosotros somos parte de Dios, pero en cualquier caso, es imposible separar a Dios de nosotros, **lo que me lleva a la conclusión de que Dios está dentro de nosotros.**

3) Y en el tercer versículo, Jesús afirma tener el poder de contestar las oraciones de sus fieles, incluso de realizar milagros, porque esta es la forma de glorificar a Dios. Lo que significa para mí este versículo es que debemos hacer nuestros deseos realidad, para honrar a Dios. Esto sería similar a cuando un hijo es buen estudiante y su padre se siente orgulloso.

Hay un personaje muy curioso, llamado **San Agustín** nacido en el año 354 d.C., que se dice que fue uno de los mayores pensadores dentro de la religión cristiana de todos los tiempos. Era un hombre adelantado a su época, que estudiaba la relación del cuerpo con el alma y otros temas espirituales.

*San Agustín dijo:

«Vuelve, vuelve al corazón, sepárate del cuerpo… **Entra de nuevo en el corazón**: examina allí lo que quizá percibiste de Dios, porque allí se encuentra la imagen de Dios; **en la interioridad del hombre habita Cristo, en tu interioridad eres renovado según la imagen de Dios**».

Llevo años practicando meditación y sé bien a lo que refiere cuando dice entrar en el corazón, se refiere a estar en un estado meditativo, donde eres muy consciente de los latidos de tu corazón. Si estás durante algunos minutos meditando, la mente se separa del cuerpo, ya que el cuerpo se queda tan relajado que parece que solo exista tu mente. **En ese estado tan profundo puedes escuchar tu sabiduría interior, la Divinidad que habita en ti, y cuando tienes esa experiencia, te das cuenta de que Dios está en tu interior,** como dice San Agustín te sientes renovado, porque la meditación no solo te rejuvenece a nivel celular, sino que te renueva a todos los niveles, cuerpo, mente y alma.

Infinidad de personas afirman haber encontrado a Dios en su interior, como por ejemplo...

*Santa Isabel de la Trinidad, que fue una religiosa francesa, y a pesar de que murió muy joven, con solo 26 años, nos dejó unos escritos muy interesantes sobre su particular forma de ver la vida.

Dijo cosas como:

«Yo he encontrado el paraíso en la Tierra, porque **el paraíso es Dios, y Dios está en mi corazón**».

«Mantener el alma en ese silencio fructífero, que permite a Dios comunicarse con ella, y **transformarla en Él mismo**».

Según Santa Isabel, Dios estaba en su corazón, y mediante el silencio podía comunicarse con Dios...

Otro gran hombre que afirmó haber encontrado a Dios en su interior fue...

*León Tolstói, que fue un novelista ruso, considerado uno de los escritores más importantes del mundo, por obras como Ana Karenina (1877).

Al parecer este hombre a raíz de una depresión, experimentó un profundo despertar espiritual. En ese momento escribió un gran libro, llamado *EL REINO DE DIOS ESTÁ DENTRO DE VOSOTROS*. Este libro tuvo un profundo impacto en dos pacifistas muy conocidos, llamados Mahatma Gandhi y Martin Luther King.

Este gran escritor dijo:

«La auténtica fe consiste en creer en la palabra de Dios, pero la gente ya no reconoce la auténtica ley de Dios porque las tinieblas nos la han ocultado».

León Tolstói

Mi propia conclusión.

(Te sugiero que también saques tus propias conclusiones, ya que nadie tiene la verdad absoluta; como decía Buda, duda de todo, encuentra tu propia luz).

Yo pienso que lo mejor es buscar a Dios en nuestro interior y no dejar que entre tú y él haya intermediarios, porque esto iría en contra de las enseñanzas de Jesús, quien reveló sus enseñanzas a cada hombre directamente sin mediaciones y dijo «Nadie llega a mi padre si no es a través de mí», lo que significa que solo a través de nosotros mismos podemos llegar a Dios, nunca por mediación de terceras personas.

Aunque estudie toda clase de cosas, porque considero que de todo nos podemos enriquecer, soy una persona libre de pensamiento, que saca sus propias conclusiones de todo, y he aprendido a escuchar mi voz interior, por lo que diría que es imposible adoctrinar mi mente; **únicamente me dejo guiar por mi propia intuición, y cuando algo resuena con mi alma, sé que es verdad, porque lo siento, no porque nadie me lo diga. Y estas pequeñas «casualidades» que me benefician de vez en cuando, me aseguran que estoy en el camino correcto.**

Es mi forma de entender la vida, aprendo de todo, pero no pertenezco a nada. He estudiado las 5 religiones, pero nunca seré religiosa. La mayoría de personas cuando un partido político dice las cosas que quieren oír, ya se consideran simpatizantes de ese partido político; yo en 32 años que tengo, nunca he sabido a quién votar, y no por falta de información, sino porque **como decía mi abuela, «YO NO ME CASO CON NADIE»,** yo simplemente extraigo todo lo positivo, todo lo que me puede interesar, y desecho todo lo que no me aporta nada. Es como cuando queremos obtener ORO PURO. En la naturaleza el ORO está unido a impurezas; para que sea puro, tenemos que someterlo a fundición, para que de esta forma la escoria se desprenda del ORO y podamos obtener un mineral de extraordinaria pureza. **Lo mismo sucede en la vida: tendremos que aprender a determinar qué es lo que nos sirve y desechar lo que no para lograr una mente extraordinariamente pura.** ☺

Jesús y Buda tienen mucho en común, ninguno pertenecía a ninguna religión, Jesús no fue cristiano y Buda no fue budista.

Jesús dijo «Vosotros sois la luz del mundo», mientras Buda dijo «Sed lámparas para vosotros mismos».

Los dos maestros se apartaron del mundo físico para buscar la verdad en su interior; Jesús se fue al desierto donde ayunó por 40 días, y Buda se sentó bajo el árbol de Bodhi, donde meditó durante 49 días hasta alcanzar la iluminación.

No hay lugar a dudas de que ambos maestros alcanzaron ese nivel de conciencia tan elevado mediante la introspección. Además estoy totalmente convencida de que todos los grandes sabios de la historia lo fueron porque se conectaron con su divinidad interior.

«Quien mira afuera, sueña.

Quien mira adentro, despierta».

Carl Gustav Jung

Solamente quiero decirte que te cuestiones todo lo que te digan, que no te creas nada, a menos que sea cotejado con tu propia experiencia personal, y que BUSQUES A DIOS DENTRO DE TI...

Cuando pongo la mano sobre mi pecho y siento los latidos de mi corazón, pienso «aquí está Dios, manteniendo con vida este cuerpo», y cuando escucho esa voz interior pienso «aquí está Dios dándome sus mejores consejos». Cuando despiertas de este sueño y te das cuenta de que Dios está en un interior, te sientes realmente poderoso, capaz de cambiar tu realidad a todos los niveles, porque sabes que no estás solo y que pase lo que pase en la vida, siempre estarás respaldado por Dios en todo momento.

Si tuviera que definirme con una palabra, diría que soy una MÍSTICA, una persona que busca la unión con su alma durante la existencia terrenal.

Durante años he estudiado las que para mí son las mentes más brillantes de la historia: Jesús, Buda, Nikola Tesla, Albert Einstein, Neville Goddard, Eckhart Tolle, Rumi, Sadhguru, Krishnamurti, Joseph Murphy…

Y te puedo asegurar que todos eran MÍSTICOS, personas que escucharon a su alma, se enriquecieron de esa sabiduría infinita y compartieron ese mensaje con sus semejantes…

Si quieres ser una persona inteligente, puedes leer libros y mejorar tus capacidades intelectuales, pero si quieres ser una persona con una sabiduría profunda, de esas que hablan y todo el mundo las escucha, tendrás que aprender a **escuchar la sabiduría de tu alma, y para eso, solo necesitas SILENCIO.**

Todos somos personas espirituales, pero la mayoría no lo saben, porque están tan ocupados con lo mundano, con lo material, que viven sus vidas como una rutina incesante, por lo que nunca tienen tiempo para detenerse y pensar más allá de sus tareas cotidianas.

Podrás tener toda la riqueza del universo, pero también deberás cultivar tu espiritualidad, porque una vida sin espiritualidad es una vida vacía; el dinero es muy importante en el mundo físico, pero en el mundo espiritual no vale nada. **Si quieres encontrar la Sabiduría, la Paz, el Amor, la Felicidad, y las cosas más valiosas de la vida, tendrás que buscar dentro de ti.** Muchas personas piensan que el dinero da la felicidad, pero no es así, tener dinero proporciona otro sentimiento parecido llamado euforia, que aunque es una emoción muy intensa, no puede compararse con **la felicidad plena y duradera, que solo podrás encontrar en tu interior.**

Toda la vida, hemos creído que Dios era algo externo a nosotros, algo invisible, que nunca hemos visto... ¿Cómo podemos tener Fe en algo que no conocemos?

Para nuestra mente racional, esto es una tarea imposible por más que queramos. Podemos tener la creencia profunda de que Dios existe, que hay algo superior a nosotros que nos cuida y nos protege, pero cuando pretendemos tener Fe en algo invisible, esto hace que nuestra Fe no sea sólida, que se disuelva fácilmente.

Pero yo te digo que Dios está dentro de Ti, que tendrás que hallar pruebas para reforzar tu creencia, pero que una vez las tengas y empieces a creer en el Dios que hay en ti, desarrollarás una Fe inquebrantable con la que podrás lograr cualquier cosa.

En la Biblia se dice: «A menos que creas que yo soy él, morirás en tus pecados».

Esto significa que: «A menos que creas que Dios está en tu interior, continuarás sin hacer tus deseos realidad».

Cuando desarrolles una Fe sólida e inquebrantable, en la que creencia de que Dios está dentro de ti, te volverás poderoso, ya no necesitarás mirar al cielo buscando a Dios, porque sabrás que Dios está alojado en tu corazón. La Fe es el ingrediente primordial de todo milagro, necesitarás Fe para manifestar aquello que deseas, pero estás de suerte, porque mediante la compresión de que Dios está en tu interior, obtendrás toda la Fe que necesites, ya no habrá limitaciones para ti, porque ahora sabes que tú eres el único Dios de tu pequeño universo.

Al leer esto, muchas personas pensarán «Esto es muy confuso, toda la vida nos han dicho que Dios está en nuestro exterior, y ahora tú me dices que en realidad está en nuestro interior...».

¿Cómo es posible? ¿Dónde está Dios en realidad?

Como decía mi abuela, «Dios está en todas partes», está dentro de nosotros, está en cada árbol, en cada estrella, en cada hormiga... Dios es el aliento que sostiene a todos los seres vivos de este planeta.

Como dijo el escritor, Ray Bradbury.

«Mi religión abarca todas las religiones. Creo en Dios, creo en el Universo. Yo creo que eres Dios, que yo soy Dios. Creo que la Tierra es Dios, y el Universo es Dios».

SOMOS TODOS DIOS.

Lo más importante es... ¿dónde sientes tú que está Dios para ti? Yo pienso que Dios está en todos lados al mismo tiempo: Dios está en mi interior sosteniendo mi vida, y también está junto a mí, protegiéndome.

Aunque teóricamente está en todas partes, donde yo lo encontré y tú también lo encontrarás será en tu interior. Si quieres escuchar al Dios que hay dentro de ti y poner a prueba todo lo que te he dicho, tendrás que ir a un lugar tranquilo, donde no puedas ser molestado, y dejar tu mente en silencio. Cuando logres un estado de paz y calma interior, podrás escuchar la sabiduría infinita de tu interior. Entonces, habrás encontrado a la divinidad que habita en ti.

Como dijo el gran poeta persa, llamado Rumi.

> **«Tú eres el secreto del secreto de Dios. Tú eres el espejo de la belleza divina. Todo lo del universo está dentro de ti. Pregúntate todo a ti mismo, el que estás buscando eres tú, somos estrellas cubiertas de piel, la luz que tú buscas ya está dentro de ti».**

Yalal ad- Din Muhammad Rumi

Capitulo 5

Convicción:

La convicción es la clave para hacer nuestros deseos realidad. Una vez logré manifestar algo imposible para cualquier mortal: cambié la firme sentencia de un juez únicamente con mi convicción. Lo que hice fue hacer una visualización y tener una convicción plena de que eso sería como yo lo había visualizado.

Para mí convicción significa creer plenamente que puedo conseguir aquello que deseo.

La convicción es lo contrario a la duda: si tienes dudas sobre tus manifestaciones, atraerás resultados dudosos.

Pero si tienes la convicción plena de que algo pasará, así será, no puede ser de otra forma.

En la biblia se nos dice: **«Os aseguro que quien diga a ese monte: 'Quítate de ahí y échate al mar', y esto lo haga sin titubear en su corazón, sino creyendo que se hará lo que dice, lo conseguirá».**

La convicción es el convencimiento que tenemos sobre algo. En este caso queremos convencernos a nosotros mismos de que la ley de atracción funciona, de que somos seres poderosos y de que podemos atraer cualquier cosa que deseemos.

Pero esto no es tan fácil, y la mayoría de las veces es lo que nos impide manifestar.

En primer lugar los seres humanos estamos programados para creer solo en lo que vemos y en lo que nuestros sentidos físicos nos dictan. En segundo lugar, también nos han programado para que creamos que somos débiles, frágiles y que dudemos de nuestro propio valor.

Como ya sabemos, la ley de atracción era un «SECRETO» que se sabía a voces, desde hace miles de años, pero que aún hoy en día no es bien aceptado por la gran mayoría de la sociedad.

Porque estamos programados para no creer y dudar de todo lo que no podemos tocar.

He de decir que yo al principio tampoco creía en esta ley, pero la puse a prueba y vi resultados, entonces empecé a creer que funcionaba.

Mi experiencia me dice que para generar la convicción que necesitas, tienes que ir viendo pequeñas manifestaciones en tu vida, porque así poco a poco irás reforzando tu confianza en la LEY.

Hay muchas maneras de incrementar tu convicción. Una de las mejores formas es leer las historias de éxito de otras personas. Si has leído algún libro de mis dos maestros favoritos de la ley de atracción, que son Joseph Murphy y Neville Goddard, te habrás dado cuenta de que sus libros están llenos de testimonios de personas que tuvieron éxito al aplicar la Ley. Incluso te puedo comentar que Neville Goddard daba sus conferencias gratuitamente y el único interés que tenía era que sus alumnos le compartieran sus historias de éxito.

Porque ellos sabían que los testimonios de éxito son lo más poderoso que existe para reprogramar a otras personas, y que de esta forma, se siga difundiendo la Ley.

Te pondré un ejemplo de por qué esto es así. Seguramente has leído los fundamentos científicos que tiene la ley de atracción, pero te has quedado igual, porque cuando hablamos de la física cuántica, la cosa se vuelve tan compleja y aburrida que nuestro cerebro se blinda a esa información. Pero si una persona anónima te cuenta su historia de éxito con la ley de atracción y ves cómo esa persona ha logrado resultados, lo primero que haces es pensar «Si esa persona tuvo resultados, yo también los puedo tener». Tu cerebro está receptivo a esa información que impresiona directamente tu mente subconsciente.

Podéis encontrar historias de éxito en la mayoría de libros de Joseph Murphy y de Neville Goddard, también en internet, como por ejemplo, en la página oficial del Secreto, donde muchas personas comparten sus historias personales.

https://www.thesecret.tv/the-secret-stories/

También puedes reforzar tu confianza leyendo la Biblia u otros libros poderosos.

Pero para mí la mejor forma de crear una firme convicción es tener más comprensión sobre cómo funciona nuestra mente y las leyes del Universo; cuanto más comprendamos cómo funcionan exactamente, más seguros estaremos de los resultados que se van a crear.

Cada persona es un pequeño universo, puede que a pequeña escala, pero no deja de ser un pequeño universo, con sus millones de células, con su aura protectora, con su campo magnético...

Es evidente que en tu pequeño Universo quien manda es tu mente y que lo único importante es lo que tú piensas. Nada ni nadie tiene el poder de crear algo en tu vida, excepto tú, en tu universo mandas tú y nadie más.

Lo que quiero decir es que somos 100 % responsables de todo lo que sucede en nuestra vida, no podemos culpar a nadie de lo que nos pasa, ni de nuestras circunstancias, porque los demás solo son espejos que te confirman lo que tú proyectas en ellos.

Ellos no tienen el poder de cambiar nada en tu universo, a menos que tú les otorgues ese poder. Por ejemplo, si tienes miedo de que te roben, alguien te robará, pero qué casualidad que entre los millones de personas que existen, te roban justamente a ti. Esto no es casualidad, lo creaste tú, puede que fuese inconscientemente, pero el universo esto no lo entiende.

Recuerda: **«Nada entra en tú vida, a menos que tú lo invites», Joseph Murphy.**

Cuando hacemos la visualización, las afirmaciones o cualquier técnica que utilicemos, lo importante es que esa técnica nos haga sentir que ya tenemos lo que deseamos, nos haga vibrar en la vibración de la cosa deseada. Una vez que hemos sentido que éramos la persona que deseábamos ser, nuestra vida no volverá a ser completamente igual. Dejaremos de desear ser la persona que queríamos ser, porque ahora lo somos y no puedes desear lo que ya eres. Supongamos que deseas algo, si vas a comprarlo y ya es tuyo, dejas de desearlo. Porque el deseo muere cuando ya tienes la cosa que deseabas.

Una vez que no existe deseo alguno y que has sentido correctamente que ya tenías eso que deseabas, ya puede manifestarse libremente aquello que deseabas.

Pero desde la vibración de deseo no se puede manifestar nada, porque desear implica que ahora no tienes eso que deseas, mientras deseamos algo, estamos proyectándonos al Universo, desde la insatisfacción, desde la falta y la carencia.

Y el universo que nunca falla y siempre te da lo que tú proyectas, te dará más de lo mismo.

Cuanto más sientas que ya tienes aquello que deseas y más vibres en esa vibración de que ya lo tienes, antes se manifestará en tu vida.

Seguramente alguna vez has comprado por internet, en alguna tienda *online* como Amazon, y al comprar lo que deseabas, te dijeron que en una semana tendrías el paquete en tu casa. **Tú confiaste en el vendedor,** tuviste convicción de que así sería, y en una semana recibiste el paquete. Pues cuando proyectamos nuestro deseo al Universo, al hacer nuestra visualización, **estamos comprando nuestro deseo con nuestra vibración, y si tenemos la convicción de que lo recibiremos en poco tiempo, así será.** Si confiamos en una tienda que no es física cuando compramos por internet, **por qué no vamos a confiar en el Universo que es increíblemente más poderoso y que responde siempre a la vibración que le ofrecemos.**

Llevo años estudiando diariamente la ley de atracción, buscando información para el canal de Youtube, y he podido llegar a muchas conclusiones, entre ellas, que hay muchos tipos de personas, y aunque la ley de atracción es igual para todos, hay personas que necesitamos más disciplina mental para lograr lo que deseamos.

Con práctica y un poco de disciplina mental, todos podemos hacer realidad nuestros sueños.

Pero algo que nadie dice es que dependiendo de tu programación mental, de lo que se grabó en tu disco duro cuando eras pequeño, te costará más o menos manifestar tus deseos. Te pondré un ejemplo personal: yo de pequeña tuve una infancia complicada, de pequeña me sentí abandonada y había escasez económica a mi alrededor. Por el contrario, mi marido fue hijo único, se sintió protegido, cuidado y en su casa había abundancia. Nuestras programaciones subconscientes son muy diferentes. Aunque yo soy la que teóricamente entiende de manifestar cosas, **él puede manifestar algo más fácilmente, él simplemente jugando a que ya lo tiene, sintiendo ya que es suyo, lo manifiesta, y yo necesito ser más disciplinada y hacer mis rutinas de manifestación.** Tarde o temprano todos los barcos llegan a puerto, eso es indudable, simplemente soy sincera cuando digo que los que tuvimos carencias de pequeños, tendremos que ser un poco más disciplinados.

Si te fijas, los hijos de millonarios atraen fácilmente el dinero hacia ellos. Esto demuestra que una buena programación es la mejor herencia que nos pueden dejar nuestros padres. Nuestros padres nos compartieron lo que aprendieron de nuestros abuelos, y así sucesivamente… **Ellos fueron víctimas de una mala programación mental, pero nosotros tenemos el poder para volver a reprogramarnos mentalmente y atraer a nuestra vida todo lo que deseamos.**

Un día leí un artículo que me pareció muy cruel, decía:

«Joseph Stiglitz que en 2011 recibió el Premio Nobel de Economía, dijo en su libro: 'El 90% de los que nacen pobres mueren pobres, por más esfuerzo que hagan'».

El 10 % restante de los pobres que se convierten en ricos, son muy disciplinados, como yo. ☺

Esto se debe a que los seres humanos nos sentimos cómodos en nuestra programación, por mala que sea. Y aunque por algún tiempo practiquemos las técnicas de manifestación, terminamos desistiendo, porque estas técnicas nos hacen sentir incómodos. **Y de eso se trata, la clave del éxito es la incomodidad. Si estás incómodo, es que estás reprogramándote y estás progresando en tu vida.**

Hazte consciente de la incomodidad que te provocan ciertas situaciones, porque cuando sientes incomodidad, estás creciendo como ser humano, estás rompiendo esas limitaciones mentales que arrastramos desde la infancia.

SI QUIERES MEJORAR EN TU VIDA, ASEGÚRATE DE MANTENERTE BIEN INCÓMODO.

La primera vez que sientas que ya tienes lo que deseas, te sentirás incómodo, es completamente normal, piensa que llevas años metido en un castillo mental y que ahora estás ampliando las murallas de ese castillo, es normal que se cree resistencia interna al principio.

Si cada día sientes que ya tienes lo que deseas, sientes que ya eres la persona que deseas ser, te irás acostumbrando a esa incomodidad, y cuando te des cuenta, eso que deseas, será una realidad.

La convicción se produce cuando te convences a ti mismo de que ya eres la persona que deseas, y cuando pasa esto, ese cambio de mentalidad se ve reflejado automáticamente en tu realidad.

Como lo único importante es lo que tú creas, si tú tienes la convicción absoluta de que algo será como tú crees, así será. Es más fácil de lo que parece, solo tenemos que creer un poco en nosotros mismos.

Los resultados que deseas los obtendrás cuando alcances **LA CONVICCIÓN** de que aquello que deseas ya es tuyo. Cuando tu subconsciente cristalice este evento como algo que ya sucedió, entonces se dará la manifestación.

Capitulo 6

Gratitud:

«La gratitud es riqueza, la queja es pobreza».

Doris Day

Hay dos tipos de personas en la vida: están las personas que alimentan la gratitud y por eso son felices, y están las personas que alimentan la queja y por eso se sienten infelices.

La gratitud y la queja son dos círculos viciosos de los que solamente podemos salir conscientemente.

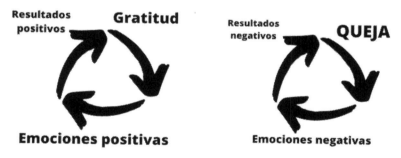

Como se puede ver en la primera imagen, si alimentamos la Gratitud, sentiremos emociones positivas que atraerán resultados positivos a nuestras vidas, y como es un círculo vicioso, cuanto más agradecidos seamos, más experiencias nos dará el Universo para seguir sintiéndonos agradecidos.

En la segunda imagen podemos ver que si alimentamos la queja, sentiremos emociones negativas que atraerán resultados negativos, y como es un círculo vicioso destructivo (del que encima cuesta salir), cuantas más quejas, más motivos nos dará el Universo para seguir quejándonos.

Los resultados que obtienes en tu vida actual, tus experiencias, son un reflejo perfecto de lo que hay dentro de tu mente.

Por eso el primer paso para tener una vida plena es **erradicar la queja de nuestra vida,** porque cuando nos quejamos, estamos adoptando un papel de víctima, y lo único que atraeremos serán circunstancias que nos hagan seguir culpando al mundo de lo malo que nos pasa.

Para dejar de quejarnos, simplemente tenemos que observar nuestro diálogo interior, y una vez que identifiquemos una queja, intentaremos ver el lado positivo de esa situación, que siempre lo hay. Debemos hacernos conscientes de que quejarnos no atraerá nada bueno a nuestra vida, **es muy fácil culpar a los demás de las cosas que nos pasan,** pero no tiene ningún sentido, ya que tu vida es 100 % responsabilidad tuya, tú eres el único creador de tu Universo. Si te quejas lo único que consigues es darle tu poder personal a los demás.

Cuando dejamos de quejarnos, nos volvemos responsables de nuestra vida, y en ese punto, podemos empezar a crear cosas maravillosas en nuestro pequeño universo.

Para permitir que la magia de la gratitud entre en nuestra vida, solo necesitaremos dar dos pasos: el primer paso sería dejar de quejarnos, y el segundo es hacer de la gratitud un hábito diario.

Si estás leyendo este libro es porque eres una persona avanzada en el tema, que hace mucho tiempo dejó de quejarse, porque te sientes 100 % responsable de las experiencias de tu vida, y por eso hablaremos exclusivamente de los beneficios.

Beneficios de la gratitud:

Felicidad:

La mayoría de personas piensan que para ser felices, necesitarían una gran cantidad de dinero, de fama, y todo tipo de cosas que provienen del exterior.

Pero la realidad es que la felicidad depende más de tu gratitud hacia lo que ya tienes, que de entusiasmo por lo que te falta por conseguir.

Si no eres feliz con lo que tienes ahora, no serás feliz con lo que te falta.

Porque la felicidad es valorar y agradecer lo que tienes ahora.

Me viene a la mente un documental de la India, donde las personas eran superfelices a pesar de no tener lo más básico. Esto me demuestra que **la felicidad es un estado mental que tiene que ver con tus pensamientos y sentimientos, y no con tus posesiones.**

Son los pensamientos de gratitud los que más potencian las emociones positivas, haciéndote sentir una felicidad instantánea.

Por lo tanto, si quieres ser feliz, sé agradecido.

Salud:

Hay muchísimos estudios sobre lo beneficiosa que es la gratitud para nuestra salud, y todos demuestran que las personas agradecidas tienden a ser más saludables.

Duermen mejor, tienen menos estrés y ansiedad, tienen un sistema inmunológico más fuerte, y tienen menos probabilidades de desarrollar enfermedades.

El porqué la gratitud mejora la salud es muy sencillo de explicar: **la mente solamente puede estar ocupada en una cosa a la vez, y si la ocupas con gratitud, no la podrás ocupar con algo negativo.**

Y como siempre digo: si algo no está en tu mente, no puede estar en tu realidad, porque vivimos en un mundo que es una proyección mental.

Dinero:

La gratitud es la piedra angular de la riqueza. En el judaísmo se dice que **rico es quien se regocija con lo que tiene.**

Y en el cristianismo se dice:

Al que tiene (gratitud), se le dará, y tendrá más (riqueza),

Pero al que no tiene (gratitud), aún lo que tiene le será quitado.

Estoy convencida de que aunque tengas poco dinero ahora, si sientes gratitud por tenerlo, en el futuro tendrás más. Supongamos que solo te queda un dólar para pasar el mes. Si tú lo pones en tu mano y lo agradeces sinceramente, ese dólar será multiplicado con el tiempo.

Porque es la conciencia de sentirte agradecido por algo, la que atraerá más experiencias por las que sentirte agradecido en el futuro.

Oprah Winfrey es una de las mujeres más exitosas y ricas del mundo. Según Forbes, tiene 2,8 billones de dólares. Pero lo más importante es que, para ella, la gratitud es un pilar fundamental en su vida.

La mayoría de sus frases célebres tienen que ver con la gratitud.

«Lo mejor que puedes hacer hoy para cambiar tu vida, es empezar a ser agradecido por lo que ya tienes. Cuanto más agradecido seas, mayores logros obtendrás», Oprah Winfrey.

«Agradece lo que tienes, terminarás teniendo más. Si te concentras en lo que no tienes, nunca jamás tendrás suficiente», Oprah Winfrey.

Es maravilloso que una de las mujeres más ricas de Estados Unidos nos comparta que el secreto de su éxito es ser agradecida.

A lo largo de los siglos, hemos visto como muchas culturas del mundo han dado las gracias por lo que deseaban antes de recibirlo. Los egipcios hacían ofrendas como gesto de gratitud, para que el río Nilo se inundase y se mantuviese la prosperidad.

De hecho, todas las grandes civilizaciones: los mayas, los griegos, los aztecas, los incas… hicieron ofrendas, y todas ellas, **terminaban dando las gracias por haber recibido lo que querían, aunque físicamente todavía no lo hubiesen recibido.**

Como ya sabemos, la ley de atracción dice que vibraciones iguales se atraen, por lo que si quieres atraer tu deseo, tienes que sentirte como si ya lo tuvieras, porque al sentir que ya es tuyo, estás atrayéndolo hacia ti. Pero lo que igual no sabes **es que la forma más fácil de sentir que aquello que deseas ya es tuyo, es agradecerlo como si ya lo tuvieses.**

Agradeciendo que ya tienes lo que deseas, estás transmitiendo a tu mente subconsciente la idea de que tu deseo ya es un hecho real, y este no tardará en proyectarlo en la pantalla del espacio, osea en tu realidad.

Si quieres atraer dinero con la técnica de la gratitud, tienes que crear el hábito de agradecer todo el dinero que circula en tu vida. Cada vez que te llegue una factura, di «gracias por poder pagarla», cada vez que recibas dinero, di «gracias, por el dinero que recibo», agradece hasta el último centavo que circula en tu vida.

Porque aunque no lo creas, el dinero no es solo una herramienta de intercambio, el dinero es energía, al igual que todo lo que existe en este Universo, y para poder atraerlo a nuestra vida, debemos irradiar vibraciones acordes a él.

Una de las técnicas más poderosas para transformar nuestras vidas, es elaborar un diario de gratitud.

Diario de la gratitud:

Imagina un pequeño cuaderno, donde está escrito todo lo bueno que hay en tu vida, y cada vez que lo abres, evoca en ti un gran sentimiento de gratitud. Pues de eso trata el diario de gratitud, cada día al levantarnos escribiremos tres cosas por las que nos sintamos felices. Esto no nos llevará más de 3 minutos, pero tendrá un impacto increíble en nuestra vida. Porque cuando nos despertamos, nuestro subconsciente está aún receptivo, y al tú hacer este ejercicio, eliges conscientemente enfocarte en todo lo positivo y toda esta información empezará a imprimirse en tu mente subconsciente, dando como resultado una vida más plena y abundante.

Cuando lleves 21 días con tu cuaderno, que según William James es el tiempo exacto que necesitamos para crear un nuevo hábito en nuestras vidas, te harás consciente de cuántas cosas buenas hay en tu vida, y ahí comenzará la magia de la gratitud, cuando empieces a enfocarte en todo lo bueno que ya tienes.

Cuando yo terminé mi diario de gratitud, porque ya no me quedaban hojas donde escribir, me di cuenta de que había escrito más de 40 páginas con todo lo que agradecía en mi vida, y eso me impresionó muchísimo, porque todos sabemos que hay cosas que agradecer, pero no sabemos hasta qué punto somos afortunados hasta que hacemos este ejercicio, y es maravilloso. Para mí ya **no tiene sentido quejarse, porque sé que hay tanto que agradecer, que no sería justo perder el tiempo quejándome por una cosa concreta, cuando hay un millón de cosas por las que sentirse afortunado.** Cuando nos quejamos por algo concreto, estamos desperdiciando nuestra valiosa energía.

Debido a mi programación mental, no tengo lo que la gente llama problemas, hace tiempo que deje de tenerlos. Ni siquiera utilizo esa palabra, para mí existen los contratiempos, existen las pruebas y existe el aprendizaje.

Hace tiempo que eliminé algunas palabras de mi vocabulario, y te recomiendo que lo hagas, **porque las palabras son más poderosas de lo que parecen.** Las palabras que ya no pronuncio son las que para mí tienen connotaciones negativas, como enfermedad, pobreza, problemas, falta…

Parecerá increíble, pero si algo no está en tu mente ni en tu boca, no estará en tu realidad.

Esto lo aprendí en la crisis del 2008, cuando la mayoría de españoles luchaban por llegar a fin de mes, yo encendí la televisión y estaban entrevistando a unos millonarios, a los que les preguntaron «¿Vosotros habéis notado las consecuencias de la crisis», a lo que ellos respondieron: «¿Crisis? ¿Qué es eso? Ni siquiera pronunciamos esa palabra, puede que notemos que a las personas de nuestro entorno les va peor, pero a nosotros no nos afecta eso».

El mayor poder de la mente subconsciente es magnificar aquello en lo que nos enfocamos conscientemente, ya sea bueno o malo.

Por lo que si adquieres el habito de enfocarte en todo lo bueno, la mente subconsciente te dará un interés compuesto, lo que significa que si plantas en tu mente gratitud, la mente subconsciente te dará motivos reales para que sigas sintiéndote agradecido. Como ya te dije, llevo muchos años estudiando la ley de atracción, no ha habido un solo día que no haya aprendido algo nuevo, pero una cosa es aprender la teoría, y otra es llevarla a cabo. **El conocimiento es una llave muy poderosa, pero no vale de nada si no se aplica; una llave no abrirá ninguna puerta a menos que la pongas en una cerradura.**

Lo que quiero decir es que, aunque se sabe mucho sobre el funcionamiento de esta ley tan poderosa, necesitamos practicarla para ver resultados.

Llevo años manifestando cosas, y sé de buena tinta que para manifestar algo grande, se **requiere simplemente que seamos conscientes la mayor parte de nuestro tiempo de que ya lo tenemos.**

Pero nosotros normalmente nos movemos en unos estados mentales donde nos sentimos cómodos, y al entrar en el estado donde tú ya tienes lo que deseas, esto te hace sentir incómodo, hace que tu corazón se acelere, y aunque sabes que para poder manifestarlo tienes que aprender a sostener ese estado, tu consciencia se despista con cualquier cosa y pasa a otra cosa que te haga sentir más cómodo.

Es importante entender que para que algo se manifieste en tu realidad, **el Universo debe saber que tú puedes mantener ese estado,** porque mientras sientas incomodidad al sentir que ya tienes lo que deseas, no se manifestará, pero si te habitúas a sentirte de esa forma determinada, poco a poco te irás acostumbrando y cada vez podrás mantener ese estado por más tiempo, hasta que lo hagas tuyo, y en ese punto se manifestará de forma natural.

Otra cosa importante es que no somos tan conscientes como pensamos que somos, **los estudios dicen que**

solo usamos el 10 % de la mente consciente, y me parece mucho. La mayoría de personas vivimos en el pasado, o en el futuro, ni siquiera somos conscientes del presente, simplemente vamos por la vida en piloto automático, **dejando que nuestro subconsciente nos ponga los mismos programas de siempre, por eso siempre vivimos las mismas experiencias.**

Cuando leí *EL PODER DEL AHORA* de Eckhart Tolle, me di cuenta de que casi no podía mantener mi consciencia en el presente, porque tengo una mente acostumbrada a vivir en el futuro, que está haciendo una cosa y está pensando en lo que tiene que hacer después. Esto me hizo llegar a la conclusión de que si no vivo el presente, es como si no viviese, no estoy aprovechando el momento presente, que es lo único que existe.

En el único lugar en el que podemos crear una vida mejor es en el presente, y la única herramienta que tenemos para poder hacerlo, es nuestra conciencia.

Te recomiendo la meditación para enfocarte en el presente y ser más consciente de todo lo positivo que hay en tu vida. Al final del libro compartiré mi rutina milagrosa de manifestación, en la que hablo un poco más sobre esta disciplina milenaria...

Capitulo 7

Recibe tu deseo:

Prepararse para recibir lo que deseamos es muy importante, porque lo que esperes de la vida, será lo que la vida te dará.

Las personas que han manifestado grandes cosas, siempre se han preparado para ello. Cuando **Helene Hadsen manifestó su casa de 1 millón de dólares,** estaba tan segura de que sería suya que ya tenía todos los planos de la casa de sus sueños, había planificado hasta el último detalle.

Cuando Cynthia Stafford manifestó 112 millones, estaba tan segura de que ese premio sería suyo que había hablado con asesores fiscales, se estaba preparando para lo que sería suyo.

Si haces todos los pasos anteriores pero no te preparas mentalmente para recibir tu deseo, nunca terminará de manifestarse, porque prepararse es decirle al universo que estás listo para recibir.

He leído muchos casos de personas que practicaban la visualización con la intención de recibir algo, pero que mentalmente se preparaban para lo opuesto e invariablemente ganaba la experiencia para la que se habían preparado; por ejemplo, si una persona quiere manifestar más dinero en su vida, pero se prepara para decirle a su casero que no tendrá suficiente dinero para pagarle este mes... **Todo lo que haya practicado no habrá valido de nada, porque si tuviese la suficiente confianza, se estaría preparando para recibir lo que había sembrado en su mente.**

Cuando estés listo para recibir lo que deseas, tus deseos aparecerán delante de tus ojos como por arte de magia.

Cómo abrirse a recibir.

La mayoría de personas estamos cerradas a nivel subconsciente a recibir; sin embargo, estamos muy abiertos a compartir y lo hacemos de forma natural.

Me costó mucho abrirme a recibir, porque en mi casa me habían enseñado que compartir era lo correcto, pero que pedir ayuda estaba mal visto. Mi madre hoy en día sigue estando cerrada a recibir, porque es lo que le enseñaron cuando era pequeña, y cuando le regalas algo, le cuesta mucho aceptarlo, parece que no le agrada mucho que le regalen, en el fondo le hace sentirse un poco mal.

¿Pero por qué nos pasa esto? ¿Acaso no nos sentimos merecedores de todo lo bueno del Universo?

Esto nos pasa porque probablemente nadie nos enseñó que recibir es tan importante como dar. En las relaciones personales, siempre debería de haber un equilibrio entre lo que damos y lo que recibimos, eso sería algo justo. Porque si nosotros siempre damos a una persona, pero estamos cerrados a recibir y no dejamos que la otra persona nos comparta lo que tiene para ofrecer, se produce un desequilibrio. **Una relación es equilibrada cuando lo que se da y lo que se recibe están en armonía.** Cuando digo esto no me refiero solo a cosas materiales, porque lo más importante que nos ofrecen las personas de nuestro entorno tiene que ver siempre con la mente; puede ser comprensión, apoyo emocional, seguridad, estabilidad…

Aunque nadie sabe a ciencia cierta quién nos creó exactamente y con qué propósito, **sí que podemos llegar a la conclusión y estar seguros de que quien nos creó, quiere todo lo mejor para nosotros y que no dudará en darnos todo lo que le pidamos, porque además tiene un poder que es infinito e incalculable.**

Yo antes no me sentía merecedora de recibir mis deseos, y un día después de meditar, tuve un brote de inspiración muy grande. Fue como si alguien me estuviera dictando las palabras, cogí un bolígrafo y escribí esto.

DIOS ES LA FUENTE DE MIS RIQUEZAS.

Mi padre es Dios y Dios es el creador del Universo, por lo tanto, todo lo que existe en nuestro planeta le pertenece. Él fue el creador de todo, incluido el Dinero, por lo que todo el dinero del mundo es suyo. Si yo deseo una cantidad específica de dinero, él me la dará, porque él administra todo el dinero del mundo. Dios me dio la vida y él es la fuente de todas las riquezas, cualquier cosa que yo desee, él me la dará, porque me ama igual que yo lo amo a él. Dios siempre cuida de mí, siempre me protege, siempre me da todo lo que necesito. Dios es el verdadero dueño de todas las cosas, porque para nosotros los humanos todo es un préstamo, porque aunque la vida te dé algo, algún día tendremos que ceder nuestros bienes, ya que nuestro tiempo aquí es limitado, nosotros no podemos poseer algo eternamente, solo Dios puede poseer eternamente, por lo que las riquezas de Dios son eternas. Supongamos que quiero manifestar una casa, nuestro padre Dios posee todas las casas que existen en el mundo, él es el verdadero dueño de todo, no hay ninguna razón para que nuestro creador no nos dé la casa que deseamos. Las razones por las que no manifestamos nuestros deseos siempre son las mismas, falta de fe y confianza, pero puedes obtener esa confianza si crees que Dios puede hacerlo y que lo hará porque él es tu creador. Deja de identificarte con las limitaciones que dicen que eso no es posible. Dios te creó a su imagen y semejanza, la ciencia corrobora que nosotros estamos hechos de la misma sustancia que las estrellas, somos en un 97 % el mismo material, literalmente estamos hechos de polvo de estrellas. **Nuestro padre nos permitió soñar y nos dio la capacidad para hacer nuestros sueños realidad, y para nosotros todo es posible en la medida que nosotros lo creamos.** En la Biblia se dice que se te hará de acuerdo a tu fe, y yo te digo que si nosotros mismos no creemos en nuestro poder como hijos de Dios, quién va a creer en nosotros entonces. Si tú no crees en ti, nadie lo hará, pero si tú crees en ti, te conviertes en una persona imparable que puede conseguir todo lo que se proponga, no hay límites para las personas que creen en sí mismas.

-FIN-

Esto que un día escribí y tenía perdido por mi escritorio, era la información que yo necesitaba comprender, porque en ese momento, no me sentía merecedora de mis deseos, y fue revelada para mí, a través de la meditación.

Lo he compartido contigo, por si tú tampoco te sientes merecedor de tus deseos.

Para abrirnos a recibir, solo necesitamos comprender que todo lo que hay en el mundo es nuestro derecho divino, y cuando alguien nos dé algo, simplemente tenemos que decir: GRACIAS. Las personas de nuestro entorno a veces actúan como canales, a través de los cuales, Dios nos da lo que necesitamos. Por esta razón, no nos tenemos que sentir nunca en deuda con alguien que nos ayudó.

El propósito de la vida es compartir prosperidad, es ayudar a los demás. La persona que tenga la oportunidad de ayudar, de compartir o de dar, debe sentirse agradecida de que Dios la puso en el lugar y en el momento exacto para beneficiar a alguien, y no la puso en el lugar de pedir ayuda a alguien.

Cuando tengo la oportunidad de ayudar a alguien, siempre lo hago, sin dudarlo, y eso el Universo lo sabe, por eso pone en mi camino a personas o animales que necesitan ayuda.

Como este año 2020, que estamos en marzo y cada mes he encontrado un perro abandonado en la calle. Dios puso en mi camino esos tres perros abandonados y yo les busqué un hogar, porque él sabía que yo los iba a ayudar indudablemente. Eso es maravilloso.

Yo sé que la vida es una rueda, por eso, si yo puedo ayudar a alguien, lo ayudo, porque sé que si algún día necesito ayuda, alguien me ayudará a mí. Gracias a Dios, en los últimos años he estado más en la posición de ayudar, y esto es algo que agradezco profundamente, pero también soy consciente de lo importante que es la humildad, tratar bien a los demás, porque la rueda de la vida puede dar mil vueltas, pero si tú siempre actúas de buena fe, siempre saldrás beneficiado, pase lo que pase.

Muchas veces alguien me ha dado las gracias por haberle ayudado, y yo le he dicho «Gracias a ti». Hoy yo te ayudo a ti y mañana alguien me ayudará a mí, así funciona la vida.

Tenemos que abrirnos a todo lo bueno de la vida, comprendiendo que todo lo que hay nos pertenece, es nuestra herencia divina. Tan importante es dar como recibir. Si te dan algo, siéntete agradecido, y si tú das algo, siéntete doblemente agradecido.

+SER – TENER

Durante años he estado enfocándome en tener más dinero, en tener más cosas...

Y había olvidado que no hay nada más importante que trabajar nuestro ser, porque a eso venimos a este mundo, a expandir nuestro ser.

Todos los seres humanos deseamos desarrollarnos al máximo, ser nuestra mejor versión de nosotros mismos, porque en el fondo ese **es nuestro propósito.**

Si cuando morimos no nos podemos llevar nada, no tiene sentido que basemos nuestra existencia en acumular cosas materiales.

Es evidente para mí que si el día que me vaya de este mundo solo me podré llevar mi alma, debo cultivar **mi interior principalmente. No venimos al mundo a coleccionar diamantes, sino a pulir nuestro interior, hasta convertirnos en un diamante.**

Nuestro principal propósito es trabajar nuestro SER, porque solo podemos atraer lo que SOMOS conscientes de SER.

Si sientes que eres millonario, el dinero vendrá por añadidura.

Porque el TENER es la consecuencia del SER; dicho de otro modo, para TENER hay que SER.

Por el contrario, si atraes dinero pero no modificas el SER, que es la causa, el dinero, que es el resultado, se desvanecerá.

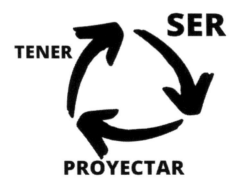

Como se puede ver en la imagen, primero tenemos que SER, luego PROYECTAMOS lo que SOMOS y atraemos los resultados, que son equivalentes a TENER lo que deseamos.

Aunque no hayamos sido conscientes de ello, toda nuestra vida ha sido así: primero pasó algo que cambió nuestro ser, entonces cambiamos nuestras proyecciones y recogimos resultados distintos. A esto se le llama CRECIMIENTO PERSONAL.

Si te fijas en la imagen, concretamente en la espiral evolutiva que rodea a la persona, cada vuelta de la espiral representa un ciclo evolutivo, cada vuelta es una vez que cambiaste tu ser y obtuviste resultados diferentes.

Yo recuerdo que cuando falleció mi abuela, tuve un gran cambio de ser, fue realmente increíble lo que me cambió ese suceso. Lo que quiero decir es que como antes no éramos conscientes de esta información, nuestros cambios siempre se debían a sucesos externos a nosotros.

Pero ahora que somos personas más conscientes, podemos cambiar nuestro concepto de nosotros mismos para moldear nuestra realidad a nuestro antojo.

SER es la clave y donde está mi CONCIENCIA, está mi punto de atracción.

Cuando cambiamos nuestra consciencia, damos un salto cuántico y empezamos a manifestar otro tipo de realidad.

«La palabra dicha desde el espíritu siempre se basa en convertirse, mientras que la palabra de la personalidad más pequeña, siempre se basa en la idea de poseer algo... Si basamos nuestro hablar en la promesa de nuestro espíritu, podemos estar seguros de que estamos en el camino correcto».

TOMAS TROWARD

Cambia el concepto que tienes de ti mismo:

Muchos de nosotros hemos soñado con tener una gran cantidad de dinero, pero esto no se ha manifestado, porque para eso, tenemos que modificar el concepto que tenemos de nosotros mismos.

Da igual que sepas mucho sobre la ley de atracción y que seas muy disciplinado al ponerla en práctica, solamente podrás lograr los resultados que deseas si esos resultados están en armonía con el concepto que tienes de ti mismo.

Si tú te consideras una persona positiva, atraerás fácilmente experiencias positivas que reflejen tu autoimagen. Lo mismo ocurrirá si consideras que eres una víctima de la vida, atraerás inconscientemente experiencias que sigan reflejando lo que tú piensas de ti mismo.

Cambiando la imagen que tienes de ti mismo, podrás cambiar los resultados que obtienes en tu vida.

El primero en estudiar el poder de la autoimagen fue un cirujano llamado **Maxwell Maltz**. Este hombre se dio cuenta de que cuando operaba a personas y estas cambiaban su percepción de sí mismos, también había una transformación en su personalidad, en su comportamiento, e incluso en sus talentos y habilidades.

Después de 3 años de investigaciones, este hombre escribió un libro de autoayuda llamado *Psico-cibernética*, que vendió millones de copias en el año 1960, y casualmente da los mismos consejos para hacer tus deseos realidad que hemos escuchado tantas veces.

SEGÚN *PSICO-CIBERNÉTICA*, PARA HACER TUS DESEOS REALIDAD TIENES QUE SEGUIR ESTOS PASOS:

1. Debes tener un objetivo bien definido. No debes estar confundido acerca de lo que quieres.

2. Para fijar tu meta debes visualizar cómo te sentirías una vez que hayas logrado tu objetivo. Debes actuar como si ya lo hubieras logrado.

3. No debes preocuparte acerca de cómo tu subconsciente logrará tus objetivos. Debes tener plena fe en que tu mecanismo de éxito encontrará maneras de lograrlos.

4. Tu mente va a cometer algunos errores, pero no tengas miedo. Es el proceso que la mente subconsciente usa para lograr su objetivo, teniendo errores y corrigiéndolos constantemente.

5. Debes aprender a confiar en que tu mecanismo de éxito hará su trabajo y no debes tener pensamientos de duda.

La autoimagen es la representación mental que se obtiene de uno mismo, y por lo general no se forma de manera consciente, sino que se va formando inconscientemente mediante las experiencias que vamos acumulando.

Aunque en teoría la autoimagen se forma de experiencias acumuladas, hoy en día sabemos que nuestro cerebro no distingue entre lo real y lo imaginado, por lo que podemos utilizar la imaginación para rediseñar nuestra autoimagen.

Para mejorar tu autoimagen te propongo dos sencillos y eficaces ejercicios...

1: Mejora tu diálogo interno.

El primer paso para cambiar tu diálogo interior es tomar consciencia de él. Al igual que escuchas cuando una persona de tu entorno te habla, empieza a escuchar a esa vocecita interna, a ver lo que te dice.

A través de la autoobservación podrás determinar fácilmente si tu diálogo interior es mayoritariamente negativo o si es positivo.

Supongamos que tienes un diálogo interior muy destructivo y todo el rato te autocriticas, te limitas, te infravaloras...

La forma más fácil de cambiar esto es introducir a ese diálogo interior palabras positivas que te hagan sentir bien.

Te recomiendo que escribas en una hoja las palabras más positivas que se ocurran...

Por ejemplo: Paz, Amor, Gracias, Felicidad, Te quiero, Perfecto, Saludable, Alegría...

Cada vez que te hagas consciente de que tu diálogo interior no te beneficia, utiliza estas palabras de poder para disolver esas palabras destructivas.

Otra técnica muy poderosa es que cuando te levantes por la mañana, **lo primero que hagas, es ponerte frente al espejo y decirte todo lo bueno que te gustaría oír...**

Por ejemplo, soy joven, guapa y saludable, cada día estoy mejor, soy perfecta tal y como soy... Tengo una salud de hierro...

Me impactó mucho una frase que dijo Louise L. Hay, **«Las personas que se quieren a sí mismas lo suficiente, no atraen experiencias desagradables a su vida».**

La primera vez que escuché esta frase no la podía entender bien, pero ahora sé que es verdad, a veces una baja autoestima atrae a personas que nos reflejan lo poco que nos valoramos a nosotros mismos. Puedo hablar desde mi experiencia personal para decir, que cuando yo no me he valorado a mí misma, he atraído a personas que me han maltratado; cuando menos me he querido, más fuerte han sido los maltratos que he recibido, cuando empecé a quererme más, dejé de atraer personas destructivas, y hoy en día me quiero tanto, que ni siquiera toleraría que alguien me hablase en un tono despectivo.

Sencillamente me quiero a mí misma y me alejo de todas las relaciones que no me enriquecen.

A partir de ahora, toma consciencia de tu diálogo interior y empieza a hablarte a ti mismo con amabilidad, verás como todo tu entorno percibe el cambio y empiezan a actuar en consecuencia. **Recuerda que tú eres tu mejor amigo y tu peor enemigo, no hay nada más poderoso que ser tu mejor amigo, y no hay nada más destructivo que ser tu peor enemigo, ¡tú eliges…!**

2: Visualiza el éxito en tu vida.

Cuando nos visualizamos como personas exitosas, mejora nuestra autoestima y aumenta nuestra confianza para lograr el éxito en nuestra vida.

Como ya sabemos, esos minutos antes de conciliar el sueño son los más efectivos para influir en nuestra mente subconsciente, esos minutos son más valiosos que el dinero. Al igual que no tirarías el dinero a la basura, no desperdicies esos minutos pensando en lo que no quieres en tu vida, tienes que verlos como una inversión…

Invierte esos últimos minutos en hacer tu técnica de manifestación, haciendo una visualización en la que te veas a ti mismo logrando el éxito que tanto deseas. Porque no hay nada más poderoso que alimentar nuestra autoimagen con experiencias, aunque sean imaginarias, de ti mismo logrando el éxito, una y otra vez.

Como dijo Emerson, te conviertes en lo que piensas todo el día (las 24 horas)…

Siéntete rico cada minuto de tu día y la riqueza será inevitable para ti.

Siéntete amoroso cada minuto de tu día y el amor será inevitable para ti.

Y así con todo lo que deseas manifestar.

Si quieres ser millonario, tendrás que sentirte millonario, tendrás que verte a ti mismo como si fueses un millonario, y entonces el dinero vendrá a ti, independientemente de cuál sea tu situación actual, si sostienes la suposición de que ya eres millonario, terminarás siéndolo.

Aquello que eres consciente de ser, te persigue como si de tu sombra se tratara.

No importa cuál sea tu profesión actual, supongamos que eres peluquera, habrás observado que hay peluqueras que son millonarias, ya sea porque peinan a famosos o porque tienen su propia franquicia de peluquerías, y que otras peluqueras en cambio, no llegan a fin de mes. Si te pones a analizarlo, las dos desempeñan la misma función, que en este caso es peinar, pero hay una gran diferencia y está en su mentalidad.

Si tu mentalidad es de riqueza, tu subconsciente encontrará la manera de hacértela llegar y siempre será por la vía que te ofrezca menos resistencia.

Desde que soy pequeña siempre quise escribir un libro, aunque siempre lo vi como algo muy lejano. Estoy segura de que nadie en mi entorno cree en mi capacidad como escritora, puede que incluso yo misma dude de mis talentos, porque no fui a la universidad, porque igual tengo faltas de ortografía, porque igual no sé redactar correctamente… Y todas esas miles de limitaciones…

Pero hay una pequeña voz dentro de mí que me dice que tengo que escribir este libro, que hay un mensaje que tengo que compartir, y te aseguro que ahora mismo, esa voz es mi principal motivación.

Sin duda esa vocecita es mi mejor amiga, pero no siempre fue así. Hace tiempo esa voz interior era mi peor enemiga y todo lo que me decía era negativo, me decía que no valía nada y que nunca llegaría a ningún lado, todo lo contrario que ahora, que me dice que puedo conseguir todo lo que me proponga y que mi éxito depende exclusivamente de mí.

Seguramente en algún punto de mi vida yo adiestré a esa voz interior, cuando conscientemente tomé las riendas de mi vida y le dije que nunca más toleraría la negatividad en mi vida.

Aunque nuestra mente subconsciente tenga un poder ilimitado, capaz de todo, únicamente podremos hacer uso de él a través de nuestra mente consciente, que es lo único que controlamos. Si conscientemente no grabamos nuevos programas en nuestro subconsciente, toda nuestra vida seguirá así, hasta el fin de los días, como si de un holograma se tratase, porque siempre estaremos proyectando en la realidad lo que llevamos grabado en el subconsciente. Por eso, si no grabamos nuevas ideas, siempre seguiremos viviendo las mismas experiencias.

Nuestro subconsciente sería equivalente a tener el ordenador más potente del mercado, pero todo el mundo sabe que, por muy bueno que sea un ordenador, si no tienes un buen sistema operativo (como Windows, que es el programa que controla el ordenador), no te serviría de nada. Lo mismo sucede con el subconsciente, **sin una mente consciente disciplinada que controle bien al subconsciente, no podrás obtener beneficio alguno de él.**

En realidad el único poder que tenemos como seres humanos **es la capacidad de elegir nuestros pensamientos**, que desembocan en sentimientos y que atraen nuestras experiencias. Si aprendemos a elegir nuestros pensamientos sabiamente, todo lo demás será coser y cantar.

Suelta tus deseos para que se manifiesten.

Una vez que hayamos proyectado nuestro deseo al Universo, tenemos que despegarnos del resultado, porque una semilla solo puede crecer si la dejamos en la tierra. Si todo el rato la estamos desenterrando para haber si ha crecido, impediremos su crecimiento. Nosotros tenemos que confiar en las leyes de la naturaleza, pues nuestros pensamientos también son semillas que si aprendemos a soltar, se manifestarán en la realidad. Lo ideal es hacer la visualización una vez al día, durante unos 15 minutos, y el resto del día, **intentaremos tener la atención en el presente, teniendo la confianza de que nuestro deseo ya es una realidad.**

Podemos acelerar nuestra manifestación, SINTIENDO QUE YA TENEMOS LO QUE DESEAMOS EN EL PRESENTE. Lo ideal es darlo por sentado, pensar que ya está hecho y no permitir que la duda conquiste nuestra mente, porque esto sería equivalente a desenterrar nuestra semilla.

«Para adquirir cualquier cosa en el Universo físico, debemos renunciar a nuestro apego a ella».

Deepak Chopra

Tenemos que intentar dejar de controlar el resultado, porque tan rápido como nos desapeguemos del resultado, se manifestará lo que deseamos.

El APEGO es ansiedad, control, desconfianza, preocupación…

Y el DESAPEGO es confianza plena, es Fe, es convicción…

Cuando tenemos apego por nuestros deseos, es porque en el fondo de nosotros existe el miedo, la duda y la preocupación, y eso es lo que estamos proyectando al Universo.

Para desapegarnos de nuestros deseos y que se manifiesten rápidamente, recomiendo encarecidamente la MEDITACIÓN, porque esta disciplina te conectará con tu Yo superior, te permitirá estar en paz, y entonces te darás cuenta de que tú ya eres un SER completo y que no necesitas tus deseos. Ahí es cuando se produce el desapego y tus deseos se manifiestan de forma natural.

En el Bhagavad Gita, hay un verso que dice…

«Aquel que se haya establecido en el conocimiento supremo, verá fluir hacia sí el cumplimiento de todos sus deseos y anhelos, al igual que los ríos fluyen hacia el océano».

Cuando este importantísimo texto sagrado hinduista, llamado Bhagavad Gita, dice conocimiento supremo, se refiere al conocimiento que adquiere una persona al meditar mediante la conexión con tu Yo superior, esa parte de ti que está en contacto con el Universo y que lo sabe todo.

Ese verso significa que la persona que a través de la meditación se conecte con la fuente, atraerá de forma natural todos sus deseos.

Como dice el gran Sabio SRI SRI RAVI SHANKAR, **deja ir tus deseos y toma refugio en un rincón silencioso de tu corazón.**

Al meditar sucede algo muy curioso, y es que dejamos de bloquear nuestras manifestaciones. Una mente que está continuamente pensando, es una mente agotada. Tenemos tantos pensamientos durante el día, que dejan de tener valor alguno; sin embargo cuando meditamos y nuestra mente se limpia de tanto pensamiento sin sentido, empezamos a tener pensamientos de calidad, logramos tener más conciencia en nuestros pensamientos y emociones, y sin duda esto es clave para dejar de bloquear la realización de nuestros deseos.

Seguramente hay algún deseo que aún no se te ha cumplido, y es porque consideras que este deseo es muy importante para ti y no has logrado desapegarte de él, piensas que no puedes soltarlo porque lo quieres demasiado pero tienes que hacerlo. Piensa que un deseo, en cierto modo, es como tener un hijo: tú le diste la vida a tu hijo, pero sabes que llegará el día en que se hará mayor y tendrás que soltarlo, por mucho que te duela, porque tiene que convertirse en una persona independiente, y solo a través de tu desapego, tu hijo podrá ir a la siguiente etapa de su vida y convertirse en un adulto de provecho, que toma decisiones por sí mismo.

Desde que nací, soy una persona muy desapegada de las cosas, pienso que si algo tiene que ser para mí, lo será, y si algo no es para mí, sus motivos tendrá para no serlo. Pienso que Dios siempre sabe

lo que es mejor para mí y yo aceptaré lo que él me mande, porque en el fondo de mi corazón, sé que Dios siempre quiere mi bien.

La vida es superabundante, mires donde mires hay abundancia. A veces me pregunto «¿Cómo pueden existir tantas casas?, ¿cómo puede haber tantos coches?, ¿cómo puede haber tanta riqueza en este planeta?...».

Lo que vemos en nuestra realidad tiene que ver con nuestro nivel de conciencia. Yo planté la abundancia en mi mente y ahora vaya donde vaya veo abundancia, porque está en mi conciencia, pues de otra forma, no la podría ver. Recuerdo cuando mi marido manifestó un BMW, íbamos por la carretera y parecía que de repente todo el mundo tenía un BMW, todos los coches eran de la misma marca. Él me decía «Parece que los regalen, está todo lleno», y yo le decía «Lo que pasa es que sólo vemos una pequeña parte de lo que hay en nuestro entorno, y normalmente lo que vemos, es lo que está en nuestra conciencia». Ahora estamos alucinados con nuestra autocaravana, y mire donde mire, veo una autocaravana. Es normal, las autocaravanas están todo el tiempo en mi conciencia, cómo no se van a reflejar en mi realidad.

Para poder manifestar tus deseos, deja de pensar día y noche en lo que quieres y empieza a sentir que ya es tuyo… Porque pensar en algo, no lo manifestará, pero sentir que ya es tuyo, sí lo hará…

Una de las mejores formas de sentir que ya es tuyo es AGRADECIÉNDOLO. La gratitud es la forma más fácil que existe de manifestar algo, simplemente di Gracias por... (tu deseo), y suéltalo...

Según Buda, tenemos que liberarnos del DESEO, porque cuando deseamos algo, el apego a ese deseo nos provoca sufrimiento.

Vivir sin deseos en el mundo físico es casi imposible para la mayoría de humanos, porque no estamos en un estado de conciencia tan elevado como lo estaba Buda, pero hay una cosas que podemos extraer de esta enseñanza, y que es importante...

Tiene que ver con estar en la vibración de DESEAR algo. **Cuando deseamos algo, cuando decimos que queremos algo, nuestro subconsciente entiende que no lo tenemos ahora, y eso es lo que se está creando en nuestra realidad, estamos proyectando el deseo y estamos recogiendo la falta de eso que queremos.**

Como sabemos, todo en el Universo es energía y toda esa energía tiene una vibración, pues la vibración de deseo es equivalente a carencia, por eso desde la vibración de desear algo, nunca podremos atraer lo que deseamos... De la misma forma que desde la vibración de la carencia no se puede traer prosperidad. Desde una vibración de deseo (falta de lo que deseamos), no podemos atraer nuestro deseo. Nuestro deseo se manifiesta sintiendo que ya tenemos lo que deseamos. Esto es ley.

Todo lo que implique desear es enfocarnos en la falta de lo que queremos, produce resistencia, duda, preocupación y nos aleja de nuestro deseo.

Es más fácil de lo que parece, simplemente proyecta tu deseo mediante la visualización, agradécelo, siente que ya es tuyo y haz todo lo que implique la conciencia de tener lo que deseas.

Únicamente te pido que dejes de desearlo, porque ya es tuyo, es imposible que sigas deseando algo que ya tienes. Como ya es tuyo, el deseo tiene que morir. Siente la satisfacción, el orgullo y la calma que te produce haber cumplido tu deseo.

No necesitas saber cómo el Universo te dará lo que deseas, simplemente proyéctalo y cree que ya es tuyo.

Graba en tu corazón este versículo de la Biblia:

«Todas las cosas por las que oren y pidan, crean que ya las han recibido, y les serán concedidas».
Marcos 11:24

-FIN-

Me gustaría dedicar las últimas páginas de este libro a mi rutina de manifestación, a las cosas que hago cada día para mejorar mi vida.

COSAS QUE MEJORAN MI VIDA:

Gratitud
Yoga
Meditación
Afirmaciones
Visualización
Leer libros
Confiar en Dios
Viajar
Naturaleza

1   **Gratitud:** he dedicado un capítulo entero a hablar de la gratitud, por lo que es evidente que para mí es algo muy importante. Levantarse de la cama dando gracias te convierte en un imán para todo lo positivo, ya que un corazón agradecido es un imán para los milagros. Recomiendo escribir un diario de la gratitud para reforzar todo lo bueno que hay en tu vida. Einstein dijo «hay dos formas de ver la vida, una es creer que no existen los milagros, y la otra es creer que todo es un milagro». Sin duda, yo soy de las personas que piensan que todo es un milagro, para mí la vida es un misterio que por más que investigo, aún no logro entender cuáles son las fuerzas que me sostienen y me mantienen con vida. Hay algo superior a nosotros que nos dio la oportunidad de vivir esta vida y que nos protege cada día para que sigamos viviendo. En un mundo donde incluso un microscópico virus te puede matar, estar vivos es un verdadero milagro. Por eso, cada día deberíamos de dar gracias por estar vivos.

2   **Yoga:** esta disciplina milenaria es una excelente forma de despertar nuestro cuerpo. Hay personas que cuando se levantan de la cama, lo primero que hacen es desayunar o ponerse a trabajar, porque se les ha dicho que es lo que tienen que hacer para ser productivos.

Pero la verdad es que cuando nos levantarnos de dormir, nuestros órganos están aún durmiendo y la mejor forma de despertar nuestro cuerpo, para ser más productivos, es hacer un poco de yoga, beber un poco de agua tibia y respirar conscientemente. De esta forma tus órganos se oxigenarán, tendrás más claridad de pensamiento y tu día fluirá de forma armoniosa.

El yoga es de los mejores regalos que le puedes ofrecer a tu cuerpo, sus beneficios son interminables y simplemente tendrás que dedicar unos 10 minutos al día para comprobar sus propiedades por ti mismo. Te recomiendo empezar con el Saludo al Sol, o algo fácil, no hace falta hacer una rutina avanzada...

El yoga es una combinación de estiramientos con respiración consciente.

Lo más importante cuando practiques Yoga es que seas muy consciente de la respiración. Puede que los estiramientos no te salgan perfectos, y es normal, esto lleva su práctica, pero si respiras conscientemente, verás resultados increíbles en poco tiempo.

3: Meditación: personalmente no la practico diariamente, sino que es una poderosa herramienta que tengo a mi disposición cuando la necesito.

La practico cuando tengo la cabeza cargada del ordenador, cuando tengo insomnio, cuando me duele algo, cuando siento que pienso demasiado, cuando tengo ansiedad, cuando tengo algún malestar físico... **Para mí es como la pócima mágica que utilizo para resetear mi mente y mi cuerpo...** Lo ideal es practicarla a diario porque así se obtendrían mayores beneficios, como elevar la conciencia, tener un mayor control de nuestras emociones, ser más felices...

Los beneficios de la meditación son infinitos, pero personalmente siempre me ha fascinado la historia de los monjes de Shaolin, estas personas a través de la meditación han desarrollado unas habilidades mentales y físicas extraordinarias, tienen un control de la mente sobrehumano que les permite ser más fuertes que el dolor físico, capaces de soportar cualquier tortura sin pestañear.

«El dolor es inevitable, pero el sufrimiento es opcional».

Buda

Como bien dijo este gran maestro, lo más duro que le puede pasar a un ser humano es que le duela algo, aunque hoy en día tenemos la suerte de tener medicinas, por lo que la mayoría de personas hemos vencido al dolor, al igual que los monjes de Shaolin.

Hay que aprender a diferenciar el dolor del sufrimiento, el dolor es real y el sufrimiento es imaginario. Nos pasamos la vida sufriendo por problemas imaginarios, lamentándonos por lo malo que nos pasó, por lo malo que imaginamos que nos pasará…

Para mí el sufrimiento mental no tiene ningún sentido, si algo me tiene que pasar, me pasará igual, si algo malo me pasó en el pasado, lo acepto, lo perdono y lo transciendo. Y si tengo algún problema en el presente, busco la solución.

Pero no paso ni un minuto de mi vida sufriendo, incluso cuando tengo algún dolor físico, enfoco mis pensamientos en la sanación, y aunque esté físicamente en un túnel oscuro, mi mente siempre está mirando hacia la luz. El sufrimiento es creado por un mal uso de nuestra mente y debe ser erradicado de la faz de la Tierra.

«El único antídoto para el sufrimiento mental, es el dolor físico».

Karl Marx

Yo tengo una menstruación muy dolorosa, siento tanto dolor que es como si perdiese la consciencia por segundos, es como si mi mente se separase de mi cuerpo, porque no puede soportarlo.

Durante unas 24 horas cada mes lo paso tan mal que no puedo seguir mi vida con normalidad. Es un dolor que me derrota, pero gracias a la meditación, he aprendido a mirar por encima de ese dolor y a darme cuenta de que ese dolor es uno de mis mayores maestros.

Cuando el dolor desaparece, siento una gran paz, me siento tan fuerte de haberlo soportado y tan agradecida porque ya no lo tengo, que esto me produce una gran felicidad.

Este dolor me ha enseñado a valorar más mi vida. Como soy consciente de que un día al mes voy a estar mala con dolor, intento aprovechar al máximo los demás días.

También me ha enseñado a no sufrir por tonterías. Hay personas que tienen problemas realmente graves y tienen una admirable actitud positiva, y otras que aparentemente lo tienen todo y que sufren por cualquier estupidez.

El dolor es uno de los mejores maestros que podemos tener, te enseña aceptación, paciencia, compasión, humildad…

Seamos como los monjes de Shaolin, más fuertes que el dolor, viendo el sufrimiento como algo innecesario. Esto se puede conseguir gracias a la meditación, no es ninguna utopía.

4: Afirmaciones: intento practicar las afirmaciones cada día, son muy importantes para mí, ya que siento que me acercan a mis objetivos. Son las semillas positivas que planto en mi mente cada día, con el fin de que algún día se transformen en una firme creencia y den los frutos deseados.

5: Visualización: he estudiado a muchas personas que practican la visualización y lo hacían 3 veces al día, antes de dormir, al levantarse y por la tarde... Cuanto más la practiques, más penetrará tu deseo en tu mente subconsciente y antes se hará realidad. Es importante centrarse en un solo deseo y practicar la visualización del cumplimiento de ese deseo específico, hasta que este se cumpla. Una vez que se cumpla, pasa al próximo deseo. Considero que así se concentra más nuestra energía, que es el combustible indispensable para poner en marcha cualquier manifestación.

6: Leer libros: todas las noches antes de mi visualización leo unas cuantas páginas, y casi siempre leo los mismos libros, porque leer el mismo libro una y otra vez es una forma de reprogramar tu mente subconsciente.

En el libro de *El poder de la mente subconsciente* de Joseph Murphy, se nos dice que no solo leamos el libro, sino que lo estudiemos; se nos recomienda que nos aseguremos de leer el libro varias veces.

Hay personas que han leído la Biblia más de 100 veces y tienen una razón de peso para hacerlo, buscan impregnar lo más profundo de su ser con estas enseñanzas.

Algo curioso es que los niños desde que nacen quieren leer una y otra vez el mismo cuento, y los expertos dicen que esta práctica tiene sus beneficios, que la repetición ayuda al aprendizaje, fomenta la confianza y se aumentan las posibilidades de codificar información compleja.

Desde bien pequeños, sabemos que la repetición es una de las mejores formas de aprender. Esto lo saben bien los maestros de escuela, ya que cuando nos portamos mal, muchas veces nos castigan repitiendo la misma frase cien veces para que se nos quede bien grabado lo que no debemos de hacer.

7: Confiar en Dios: esta es mi filosofía de vida, como decía mi abuela, «que sea lo que Dios quiera». Cuando confiamos en Dios, andamos por la vida tranquilos, sabiendo que lo que Dios nos mande, siempre será lo mejor para nosotros. Confiar en Dios es soltar el control de nuestras vidas, liberarnos de las cargas imaginarias que hemos creado y ser conscientes de que hay una fuerza superior que nos está cuidando y protegiendo.

No hace falta que luches, no hace falta que te esfuerces ni trabajes duro, simplemente ten la mentalidad correcta y deja que Dios haga el resto.

A esto se le llama fluir con la vida, aceptar que la vida está compuesta de momentos, algunos buenos y otros no tan buenos, pero que todos estos momentos tienen una razón para existir, que todo pasa por algo. La vida es como un río, debemos navegar por él sin resistencia, aprovechando la fuerza del viento como empuje, adaptándonos en todo momento al curso del río.

Si aceptamos la realidad por dolosa que sea, podremos trascenderla. Pero si no hay aceptación de la realidad, habrá resistencia, y esto nos puede mantener por mucho tiempo en las mismas circunstancias.

Primero aceptamos lo que nos pase y luego utilizaremos las herramientas que Dios nos ha dado para proyectar otro tipo de realidad más amable.

Pero de verdad te digo que si el conjunto de tu mentalidad es positiva, no tendrás que preocuparte por lo malo que te suceda, porque como la vida es una proyección de la mente, si la mayoría de tus pensamientos son positivos, tu vida será mayoritariamente positiva.

Muchas personas quieren cambiar su vida sin cambiar primero sus pensamientos, que son los que crean esas circunstancias, y esto es como pensar que si rompes un espejo, cambiará lo que está reflejado en él.

Cada pensamiento, cada emoción, cada palabra, cada intención… Es como un bumerán que lanzamos al Universo y que algún día regresará a nosotros en forma de experiencia. Lo ideal sería ser más consciente de qué clase de bumerán estamos lanzando, para así no tener que lamentarnos luego si nos golpea en la cabeza cuando venga de vuelta.

Confía en Dios, fluye con la vida, pero cuida tus pensamientos, que es tu único trabajo.

8: Viajar: no viajo cada día por ahora, pero me encantaría que mi vida fuese un continuo viaje. Hace tiempo me di cuenta de que, a las únicas personas que envidiaba sanamente, eran a las personas que vivían viajando.

Lo que más me gusta de viajar es que te abre la mente, te hace darte cuenta de que tu realidad no es la única que existe, porque a veces estamos tan sumergidos en nuestras rutinas diarias que es como si el mundo se limitase a tu casa, tu trabajo y a tus tareas… Viajar te hace ser consciente que hay más mundo fuera de tu pequeña zona de confort.

Me apasiona viajar, ver nuevos paisajes, aprender nuevas formas de vida, pero sobre todo lo que más me gusta es la sensación de liberación que sientes después de un viaje, es como si la mente se hubiese reseteado por completo y empezaras la vida desde cero, es maravilloso.

9: Naturaleza: desde que nací, estuve en contacto con la naturaleza y no me imagino mi vida lejos de ella, porque la necesito. Las antiguas civilizaciones veneraban la Madre Tierra, estaban totalmente conectados a la naturaleza que nos cuida, nos protege y nos alimenta. Pero por desgracia, en los últimos siglos hemos perdido esa conexión y nos dedicamos a mirar la naturaleza con pena, como si fuese una víctima de este mundo consumista.

He dedicado muchas horas de mi vida a contemplar la naturaleza y te puedo asegurar que ella se muestra impasible, pase lo que pase, no necesita nada de nosotros, pero lo da todo por nosotros.

Nosotros necesitamos la naturaleza para sobrevivir y no al revés.

El simple hecho de estar junto a un árbol te proporciona una paz indescriptible, y si eres un buen observador, se puede aprender hasta de la forma más pequeña de vida, podrías aprender incluso de una hormiga.

Algo que casi nadie sabe es que en un bosque, los árboles forman una especie de redes ocultas bajo tierra y son capaces, entre otras cosas, de sanarse los unos a los otros.

Los árboles son los seres vivos más generosos que existen en el planeta, nos dan oxígeno, nos dan alimento, nos dan sombra, nos protegen… Nos dan todo a cambio de nada. Así que demos gracias a los árboles. Demos gracias por vivir en este mundo tan perfecto y gracias por estar vivos.

«Solo un exceso es recomendable en el mundo: el exceso de gratitud».

Jean de la Bruyère

Un millón de gracias por leer este libro.

Ideas para recordar...

Queremos algo para sentirnos de una determinada manera, cuando precisamente sentirnos de esa determinada manera nos dará ese algo...

La única forma de manifestar lo que deseas es sintiendo que ya lo tienes el mayor tiempo posible...

Para manifestar algo, hay que mantener el sentimiento de tener lo que deseas, debes estar en alineación vibratoria con tu deseo...

Cada cosa que existe en el mundo tiene una frecuencia, ¿por qué? ¿A que tú no te sientes igual cuando piensas que tienes 1.000$ a cuando piensas que tienes 100.000.000$? Cuanto más dinero sientes que tienes, más se eleva tu frecuencia.

Cuanto más tiempo sientas que ya tienes eso que deseas, antes se manifestará en tu realidad.

Lo que tú deseas ya existe y está esperando a que tú iguales su frecuencia, sintiendo que ya lo tienes.

Sé que puedes lograr todos tus deseos y sé que lo harás, confío en ti...

Te mando un fortísimo abrazo...

Vanessa García Pamies

Si te gustó el libro, puedes regalarme una reseña positiva en Amazon, sería una gran motivación para mí, para que continúe escribiendo más libros…

amazon.com

★ ★ ★ ★ ★

Si quieres seguir aprendiendo sobre el tema, puedes pasar por mi canal de Youtube…

Salud, dinero y èxito

Y si tienes alguna duda, puedes escribirme a mi correo electrónico.

vanesagarciapamies@gmail.com

¡¡¡Te deseo todo lo mejor del universo!!!

Printed in Great Britain
by Amazon

65620122R00097